Trau dich! Das gilt in der Ehe

Karin von Flüe

Trau dich!
Das gilt in der Ehe

Finanzen, Kinder, Partnerschaft
– was Eheleute wissen müssen

Ein Ratgeber aus der Beobachter-Praxis

Beobachter

Die Autorin

Karin von Flüe, Rechtsanwältin, leitet den Fachbereich Familie des Beobachter-Beratungszentrums. Sie ist Autorin der Beobachter-Ratgeber «Zusammen leben, zusammen wohnen» und «So regeln Sie die letzten Dinge» sowie Koautorin des Nachschlagewerks «ZGB für den Alltag» und des Handbuchs «Abenteuer Familie».

Dank

Die Autorin dankt den Kolleginnen im Beobachter-Beratungszentrum, Nicole Bisig, Jeannine Burri, Cornelia Döbeli, Laurence Eigenmann, Alexandra Gavriilidis, Gabriele Herfort, Tinka Lazarevic und Verena Walther, für die kritische Durchsicht des Manuskripts und ihre wertvollen Anregungen. Ein besonderer Dank geht an meine Lektorin Käthi Zeugin für ihre wertvolle Unterstützung und die angenehme Zusammenarbeit.

Die Texte zur kirchlichen Trauung und zum Hochzeitsfest, zur Paarbeziehung, zum Haushalts- und zum Familienbudget, stammen – zum Teil leicht adaptiert und gekürzt – aus dem Beobachter-Handbuch «Abenteuer Familie». Verlag und Autorin danken Doris Huber und Walter Noser für die Abdruckerlaubnis.

Beobachter-Buchverlag

www.beobachter.ch

Herausgeber: Der Schweizerische Beobachter, Zürich
Lektorat: Käthi Zeugin
Cover: Krisztina Faller (Grafik), Luxwerk Candrian / Jaggi (Bild)
Satz: Focus Grafik

ISBN 978 3 85569 414 3

Dieses Buch wurde auf chlor- und säurefreiem Papier gedruckt.

Inhalt

Vorwort

Sie wollen heiraten? Obwohl heute bereits jede zweite Ehe wieder geschieden wird? Ja und? Solch miesepetrigen äusseren oder inneren Stimmen sei entgegnet: Immer noch bleibt jedes zweite Ehepaar verheiratet!

Wie glücklich und beständig Ihre Ehe wird, haben Sie beide selber in der Hand. Das Gesetz liefert Ihnen mit dem Jawort zwar einen verbindlichen Rahmen – die Hardware sozusagen. Welches Programm aber in Ihrer Ehe wann läuft, dürfen, ja müssen Sie selber aussuchen.

Dieser neue Beobachter-Ratgeber will Ihnen helfen, Ihr eigenes Eheprogramm erfolgreich zu gestalten. Das Buch ermuntert Sie, bei aller Gemeinsamkeit Ihre Eigenständigkeit zu behalten – besonders auch, wenn es um finanzielle Fragen geht. Es zeigt Ihnen, wie Sie sich gegenseitig absichern und füreinander vorsorgen können. Wenn Kinder – gemeinsame oder nicht gemeinsame – zu Ihrer Gemeinschaft gehören, finden Sie auf den folgenden Seiten die gesetzlichen Rahmenbedingungen, aber auch viele praktische Hinweise für den Familienalltag. Und nicht zuletzt sollen Tipps und Anregungen rund um den Hochzeitstag zu einem gelungenen Start ins Abenteuer Ehe beitragen.

Ob Sie nun frisch verlobt sind oder schon länger als Ehepaar durchs Leben gehen, ich wünsche Ihnen alles Glück und alle Herrlichkeit auf Erden.

Karin von Flüe
Zürich, im April 2009

Heiraten

Heiraten ist nicht das Happy End, sondern immer erst der Anfang – sagte Filmregisseur Federico Fellini. Und nun trauen auch Sie sich? In diesem Kapitel finden Sie die wichtigsten Unterschiede zur «Ehe ohne Trauschein», Hinweise, was Sie vor der Hochzeit rechtlich und organisatorisch vorkehren müssen, sowie Tipps für Ihr unvergessliches Hochzeitsfest.

1

Warum heiraten?

Rund 40 000 Paare geben sich jedes Jahr in der Schweiz das Jawort. Im Durchschnitt heiraten Frauen mit rund 29, die Männer mit 31 Jahren. Der beliebteste Heiratsmonat ist der August.

Längst dürfen Mann und Frau auch ohne Trauschein zusammenwohnen. Dennoch gibt es viele gute Gründe, sich für die Heirat zu entscheiden: Weil man sich vor Gott und der Welt zueinander bekennen will. Weil ein Kind unterwegs ist. Weil man gemeinsam Wohneigentum erwerben will. Weil die Altersvorsorge dann viel einfacher ist. Weil beide nach einigen Jahren Zusammenleben sicher sind, den Partner, die Partnerin für immer gefunden zu haben. Oder weil es einfach schöner ist, den Liebsten den Bekannten als «mein Mann» vorzustellen statt als «mein Freund» und von «meine Frau» zu sprechen statt von «meine Freundin».

Ehe gestern und heute

Früher ging es beim Heiraten nicht so sehr um Liebe und Romantik. Die Ehe war eher Zweck- als Liebesgemeinschaft. Sie war die wichtigste Schutzinstitution für Mann, Frau und Kinder. Erst im 17. Jahrhundert wandelte sich die Vorstellung von der Ehe zur heutigen: der romantischen Liebesehe.

Im Mittelalter gab es nur die kirchliche Ehe. Sie galt als unauflösliches Sakrament. Die Reformatoren hielten jedoch nichts vom sakramentalen Status der Ehe. Ihnen genügten das Eheversprechen und die Verlobung für eine gültige Eheschliessung. Eine kirchliche Trauung war damals in den reformierten Orten nicht unbedingt nötig. Gemischtreligiöse Ehen waren in der Schweiz bis 1850 verboten. 1874 wurden schliesslich das Recht auf Eheschliessung und die Zivilehe eingeführt.

Unter den Eheleuten war die Arbeits- und Rollenverteilung bis ins letzte Viertel des 20. Jahrhunderts streng festgelegt: Der Mann sicherte die Existenz, die Frau kümmerte sich um Kinder und Haushalt. Der Ehemann galt als das Oberhaupt der Familie; die Frau brauchte seine Erlaubnis, wenn sie ausser Haus arbeiten wollte. Erst in den 70er Jahren des letzten Jahrhunderts setzte sich langsam eine partnerschaftliche Vorstellung von der Ehe durch. 1984 wurde das Eherecht entsprechend revidiert; es ist seit 1988 in Kraft. Seither gab es kleinere Anpassungen, zum Beispiel die Vereinfachung des Ehevorbereitungsverfahrens.

Zehn Kriterien für Ihren Entscheid

Rund 95 Prozent der Paare heiraten heute aus Liebe – so das Resultat der Umfrage eines Hochzeitsmagazins. Was aber sind ganz sachlich gute Gründe für eine Heirat? Was spricht allenfalls eher für eine «wilde Ehe»? Die wichtigsten Unterschiede im Überblick:

1. Name In der Ehe gibt es einen gemeinsamen Familiennamen, den das Ehepaar vor der Heirat bestimmt. Es können also nicht beide ihren Namen behalten. Erlaubt ist, den bisherigen Namen dem Familiennamen voranzustellen. Gemeinsame Kinder tragen den Familiennamen (mehr dazu auf Seite 26).

Im Konkubinat behalten Mann und Frau ihre bisherigen Familiennamen. Gemeinsame Kinder erhalten den Namen der Mutter.

2. Kinder Das Gesetz unterscheidet schon lange nicht mehr zwischen ehelichen und ausserehelichen Kindern, wenn es um ihre Rechte gegenüber den Eltern geht. Neu gilt das auch beim Bürgerrecht: Ist ein Elternteil Schweizer, erhalten die Kinder das Schweizer Bürgerrecht – unabhängig davon, ob die Eltern verheiratet sind (bei unehelichen Kindern eines Schweizer Vaters wird verlangt, dass sie von ihm anerkannt wurden oder dass ein Gericht die Vaterschaft festgestellt hat).

Verheiratete Eltern erhalten die gemeinsame elterliche Sorge für ihre Kinder automatisch, Konkubinatseltern nicht. Sie müssen das gemeinsame Sorgerecht ausdrücklich beantragen und der Vormundschaftsbehörde eine Vereinbarung vorlegen, in der sie festlegen, wer die Kinder wann und wie oft betreut und wie die Unterhaltskosten aufgeteilt werden. Tun sie das nicht, steht die elterliche Sorge der Mutter allein zu.

3. Binationale und ausländische Paare Heiratet ein Paar, gelten punkto Aufenthalts- und Niederlassungsrecht sowie für eine spätere Einbürgerung einfachere Regeln (mehr dazu auf Seite 133). Für Konkubinatspaare dagegen ist es sehr schwierig, eine Aufenthaltsbewilligung für den ausländischen Partner zu erhalten, wenn dieser aus einem Land ausserhalb des EU- und EFTA-Raums stammt.

4. Steuern Ehepartner werden gemeinsam besteuert. Die Einkommen werden addiert und dies führt wegen der progressiven Steuertarife oft zu einer höheren Besteuerung als für ein Konkubinatspaar mit gleichem Haushaltseinkommen. Doppelverdiener fahren deshalb dank der getrennten Besteuerung im Konkubinat in der Regel besser. Bei gut verdienenden Paaren macht das mehrere Tausend Franken aus.

Bei der Erbschafts- und Schenkungssteuer ist die Situation umgekehrt: Verheiratete müssen diese Steuer nicht mehr abliefern. Konkubinatspartner dagegen sind nur in den Kantonen Nid- und Obwalden, Schwyz sowie Zug ganz von Erbschafts- und Schenkungssteuern befreit. Einige Kantone gewähren immerhin Freibeträge oder tiefere Steuersätze.

5. Scheidungsrenten Heiratet eine geschiedene Frau wieder, erlischt ihr Anspruch auf Alimente vom früheren Ehegatten automatisch. Lebt sie im Konkubinat, kommt es auf die Umstände an. In vielen Scheidungsurteilen findet sich heute eine Konkubinatsklausel, in der festgehalten ist, wann und wie das Zusammenleben mit einem neuen Partner zu einer Kürzung, zu einer Sistierung oder einem definitiven Ende der Alimentenzahlungen führt. Ohne Konkubinatsklausel werden die Zahlungen eingestellt, wenn der Exgatte dem Gericht glaubhaft macht, dass ein stabiles Konkubinat vorliegt.

Die Kinderalimente bleiben weiterhin geschuldet – sowohl bei einer Heirat wie auch bei einem Konkubinat.

6. Erbrecht Die hinterbliebene Ehefrau oder der Ehemann gehören immer zum Kreis der gesetzlichen Erben. Ihre erbrechtliche Stellung gegenüber den gemeinsamen Kindern oder den Eltern lässt sich mit einem Ehevertrag, einem Testament oder Erbvertrag noch erheblich stärken.

Für Konkubinatspaare gibt es kein gesetzliches Erbrecht. Lebenspartner können sich zwar mit einem Testament oder einem Erbvertrag begünstigen. Sind Nachkommen oder Eltern da, müssen aber deren Pflichtteile respektiert werden. Das schränkt die erbrechtliche Begünstigung stark ein.

7. Witwen- und Witwerrenten Verheiratete erhalten, wenn sie gewisse Voraussetzungen erfüllen, sowohl von der AHV wie auch aus der Pensionskasse und der Unfallversicherung Witwen- bzw. Witwerrenten.

Lebenspartner erhalten keine Hinterlassenenleistungen von der AHV oder der Unfallversicherung. Die Pensionskassen dürfen freiwillig Leistungen vorsehen, wenn das Paar mindestens fünf Jahre zusammengelebt hat, wenn die hinterbliebene Seite für ein gemeinsames Kind sorgen muss oder wenn der Verstorbene zu Lebzeiten mindestens für die Hälfte des Lebensunterhalts der Partnerin aufgekommen ist.

Finanziell negativ wirkt sich eine Heirat dagegen aus, wenn die Partnerin oder der Partner bereits eine Witwen- bzw. Witwerrente von der AHV, Pensionskasse oder Unfallversicherung erhält. Mit der neuen Ehe erlischt dieser Anspruch; bei einem Konkubinat bleibt er bestehen.

8. Altersrenten Haben Mann und Frau das gesetzliche Rentenalter von 65 bzw. 64 Jahren erreicht, erhalten Verheiratete im gleichen Haushalt wegen der sogenannten Plafonierung zusammen höchstens 3420 Franken. Unverheiratete Paare hingegen erhalten zwei ungekürzte Renten ausgezahlt – zusammen maximal 4560 Franken (Stand 2009).

9. Ergänzungsleistungen Ist der Partner und / oder die Partnerin auf Ergänzungsleistungen zur AHV- oder IV-Rente angewiesen, werden bei der Berechnung für Unverheiratete höhere Beträge für den Lebensbedarf berücksichtigt. Das kann zu höheren Leistungen führen als bei Eheleuten.

10. Trennung und Scheidung Lässt sich ein Ehepaar scheiden, hat die wirtschaftlich schwächere Seite grundsätzlich Anspruch auf Alimente. Das in der AHV und in der Pensionskasse während der Ehe gesparte Guthaben wird hälftig aufgeteilt. Auch das während der Ehe erwirtschaftete Vermögen wird halbiert, sofern die Eheleute in einem Ehevertrag nicht etwas anderes vereinbart haben.

Für Konkubinatspaare gilt dies alles nicht. Die wirtschaftlich schwächere Seite zieht den Kürzeren. Freiwillig lassen sich immerhin im Konkubinatsvertrag ein Trennungsunterhalt und / oder eine Abfindung vereinbaren.

Zweitehe: auch eine Frage der Finanzen

Müssen Sie Alimente für die Exfrau und die Kinder bezahlen, ist das Budget oft strapaziert. Nochmals zu heiraten und Kinder zu kriegen, ist trotzdem kein unerschwinglicher Luxus. Sie müssen aber damit rechnen, dass das Familienbudget für lange Zeit eng bleibt. Solange sich kein Nachwuchs ankündigt, wird Ihnen in der Regel nicht erlaubt, die Alimente an die Erstfamilie zu reduzieren. Der Einwand, Sie müssten nun für Ihre neue Ehefrau sorgen, wird grundsätzlich nicht akzeptiert.

Kündigt sich aber Nachwuchs an und reichen die finanziellen Mittel nicht aus, um den Unterhalt der Zweitfamilie zu gewährleisten, wird das Gericht einer Reduktion der Alimente zustimmen. In welchem Umfang, liegt dabei ganz im Ermessen des Gerichts. Es berücksichtigt immer die konkreten Umstände des Einzelfalls. Deshalb lassen sich keine allgemein gültigen Aussagen zur Berechnungsweise machen. Auch wenn es nicht alle Betroffenen so empfinden: Die Gerichte versuchen jeweils eine für alle Beteiligten tragbare Lösung zu finden.

Gemeinsame Lösung Versuchen Sie, eine gütliche Einigung mit Ihrem Exmann, Ihrer Exfrau zu finden, bevor Sie einen Prozess anstrengen. Gewähren Sie vollständige Einsicht in Ihre finanziellen Verhältnisse (bei einem allfälligen Gerichtsprozess kommen Sie ohnehin nicht darum herum). Gelingt es, einen Kompromiss zu finden, können Sie die neuen Ehegattenalimente in einem von Ihnen beiden unterzeichneten Schriftstück verbindlich festlegen. Sind auch Kinderalimente von einer Reduktion betroffen, brauchen Sie die Genehmigung des Gerichts oder der Vormundschaftsbehörde.

Die Zivilheirat vorbereiten

Bevor Sie sich das Jawort geben können, gibt es ein paar Formalitäten zu beachten und Entscheidungen zu treffen. Wollen Sie sich formell verloben? Wo werden Sie wohnen, welchen Namen werden Sie tragen? Und ist allenfalls ein Ehevertrag sinnvoll?

Als Erstes durchlaufen zukünftige Eheleute das Vorbereitungsverfahren beim Zivilstandsamt. Dabei wird abgeklärt, ob das Paar überhaupt heiraten darf oder ob Ehehindernisse im Weg stehen.

Wann ist man verlobt?

Sie kennen gewiss die rührende Szene in den Hollywoodschnulzen: Er sinkt vor ihr auf die Knie, schaut ihr tief in die Augen und sagt die magischen Worte: «Willst du mich heiraten?» Die Angebetete haucht ein Ja und lässt sich den Diamantring an den Finger stecken.

Passiert Ihnen das wirklich, gelten Sie rechtlich als verlobt. Laut Artikel 90 des Zivilgesetzbuchs (ZGB) braucht es nämlich nur das gegenseitige Versprechen, einander heiraten zu wollen. Eine besondere Form wird nicht verlangt. Es spielt also keine Rolle, wo und wie Sie Ihr Eheversprechen abgeben. Das kann am Weihnachtsessen im Familienkreis, bei einer Party unter Freunden oder zu zweit an einem lauschigen Plätzchen passieren. Allerspätestens dann, wenn ein Paar beim Zivilstandsamt das Gesuch für die Ehevorbereitung stellt, gilt es als verlobt. Noch nicht als verlobt gelten Sie, wenn Sie mit Ihrem Schatz zusammenziehen.

Wenn die Hochzeit platzt Verlobte haben keinen rechtlichen Anspruch auf die versprochene Heirat. Wenn beide nicht mehr heiraten wollen oder wenn eine Seite vom Eheversprechen zurücktritt, ist das Verlöbnis aufgelöst. Das geht auch ohne Worte durch eindeutiges Verhalten, etwa indem man à la Hollywood den Verlobungsring auf seinem Nachttisch zurücklässt.

Verlobungsgeschenke muss man im Übrigen nur auf Verlangen zurückgeben. Wer das Geschenk verloren hat, schuldet nichts mehr. Wer das Geschenk hingegen verkauft hat, muss den Verkaufserlös herausgeben.

Tina K. hat ihren Verlobungsring beim Rumtoben am Strand verloren. Sie muss nichts zurückerstatten. Samuel L. dagegen hat die goldenen Manschettenknöpfe, die ihm seine Verlobte geschenkt hat, beim Trödler verkauft. Er muss ihr den Verkauferlös abgeben.

Hat ein Verlobter wegen der geplanten Hochzeit in guten Treuen Auslagen getätigt, kann er von seiner Exbraut einen angemessenen Beitrag verlangen. Nur in krassen Ausnahmefällen besteht kein solcher Anspruch. Was angemessen ist, hängt von den Umständen ab, vor allem auch von der finanziellen Leistungskraft.

Serge B. sagt die Hochzeit mit Melanie G. ab, weil er sich Hals über Kopf in eine andere verliebt hat. Frau G. darf ihm zumindest einen Teil der Annullationskosten für die abgesagte Hochzeitsreise in Rechnung stellen.
Verena T. ertappt ihren Verlobten mit ihrer besten Freundin im Bett. Er wird seine Auslagen für den teuren Hochzeitsanzug alleine tragen müssen, wenn Verena die Verlobung löst.

Der Anspruch auf Rückgabe der Verlobungsgeschenke und auf Beteiligung an den unnützen Auslagen verjährt rasch – innert eines Jahres ab Auflösung des Verlöbnisses.

Bräuche rund um die Verlobung

Selbstverständlich dürfen Sie Ihre Verlobungszeit ohne jeden Schnickschnack geniessen. Vielen Paaren ist es aber wichtig, das Brauchtum zu leben. Nummer eins dieser Bräuche ist wohl der Verlobungsring:

Traditionell schenkt der Bräutigam der Braut einen Ring, der mit einem Diamanten bestückt ist. Heute ist es aber auch üblich, dass sich das Paar gemeinsam Verlobungsringe für beide aussucht.

Ob und wie Sie Ihre Verlobung feiern, ist Ihrem Geschmack überlassen. Die einen feiern lieber nur zu zweit beim romantischen Candle-Light-Dinner oder in der Berghütte, die andern ziehen ein Verlobungsfest mit Familie und Freunden vor. Hier ist alles möglich: das Picknick im Grünen, ein Empfang im Haus der Eltern, ein feines Essen im Restaurant oder eine Party mit DJ.

Oft möchten die Verlobten Verwandte, Freunde und Bekannte offiziell informieren. Dafür eignen sich ein schickes Inserat in der Zeitung, aber auch vorgedruckte Verlobungskarten oder Eigenkreationen mit Fotos vom glücklichen Paar.

Wer darf heiraten – wer nicht?

Wenn zwei erwachsene Menschen heiraten wollen, können sie das – zumindest in der Regel. Im Gesetz aufgeführt sind die Ausnahmen und Grenzfälle.

Die Schweizer Bundesverfassung und die Europäische Menschenrechtskonvention garantieren das Recht, eine Ehe einzugehen. Diese Garantie gilt aber in der Schweiz nur für Heterosexuelle. Gleichgeschlechtliche Paare können immerhin seit dem 1. Januar 2007 ihre Partnerschaft eintragen lassen. Damit haben sie in fast allen Rechtsbereichen die gleiche Stellung wie Eheleute.

Das neue Partnerschaftsgesetz, vollständig abgedruckt und kommentiert, finden Sie im Beobachter-Ratgeber «Zusammen leben, zusammen wohnen. Was Paare ohne Trauschein wissen müssen» (www.beobachter.ch/buchshop).

Die Ehefähigkeit Heiraten darf ein Paar, wenn beide Beteiligten ehefähig sind und keine gesetzlichen Ehehindernisse vorliegen. Ehefähig ist, wer mindestens 18 Jahre alt und urteilsfähig ist.

Was heisst urteilsfähig? Urteilsfähig ist, wer in Bezug auf einen bestimmten Vorgang vernünftig handeln kann. Bei volljährigen Personen geht man davon aus, dass sie auch urteilsfähig sind.

Entmündigte Personen brauchen zusätzlich die Einwilligung ihres gesetzlichen Vertreters, also des Vormunds oder der Eltern, falls diese nach dem 18. Geburtstag noch die elterliche Sorge innehaben.

Ehehindernisse Nicht heiraten dürfen Verwandte in gerader Linie, also Eltern und Kinder, Grosseltern und Enkel, sowie Geschwister und Halbgeschwister. Das gilt für Bluts- wie auch für Adoptivverwandte. Der Zivilstandsbeamte kann dies anhand des zentralen Verzeichnisses der Adoptionen überprüfen. Stiefgeschwister, also Kinder ohne einen gemeinsamen Elternteil, dürfen dagegen heiraten.

Nach Schweizer Recht dürfte die Tochter von Popsängerin Madonna weder ihren Halb- noch ihren Adoptivbruder heiraten. Und der Adoptivbruder dürfte auch seine leiblichen Geschwister nicht heiraten.

Wer noch verheiratet ist, darf keine neue Ehe eingehen. Wer es trotzdem tut – zum Beispiel heimlich im Ausland –, macht sich strafbar. Sobald die Ehe aber rechtskräftig geschieden ist, darf man sofort wieder heiraten.

Das Vorbereitungsverfahren

Die Zeiten, als die Anmeldung einer Heirat noch öffentlich am Informationsbrett der Gemeinde verkündet wurde, sind vorbei. Heute stellen die Brautleute auf dem Zivilstandsamt am Wohnsitz von Braut oder Bräutigam nur noch ein Gesuch um Durchführung des Vorbereitungsverfahrens. Dazu müssen sie persönlich erscheinen. Die Zivilstandsbeamtin soll sich ein Bild über die Brautleute machen können. Im persönlichen Gespräch erkennt sie am ehesten, ob Zweifel an der Urteilsfähigkeit angebracht sind oder ob eine Scheinehe beabsichtigt ist. Seit dem 1. Januar 2008 kann die Zivilstandsbeamtin das Gesuch ablehnen, wenn offensichtlich ist, dass es nur darum geht, der Braut oder dem Bräutigam durch die Heirat eine Aufenthaltsbewilligung zu verschaffen (mehr zum Thema Scheinehe auf Seite 139).

Ist ein persönliches Erscheinen nicht zumutbar, wird den Verlobten das schriftliche Vorbereitungsverfahren bewilligt. Das ist zum Beispiel der Fall, wenn Auslandschweizer in der Schweiz heiraten möchten oder wenn der Bräutigam das Krankenbett nicht verlassen kann.

Die Brautleute müssen der Zivilstandsbeamtin persönlich bestätigen, dass sie die Ehevoraussetzungen erfüllen. Bevormundete müssen die Zustimmung des gesetzlichen Vertreters vorlegen. Für die Überprüfung der Identität brauchen Schweizer folgende Dokumente:

- Personenstandsausweis, nicht älter als sechs Monate (erhältlich beim Zivilstandsamt der Heimatgemeinde)
- Niederlassungs- bzw. Wohnsitzbescheinigung (erhältlich bei der Einwohnerkontrolle der Wohngemeinde)
- Pass oder Identitätskarte

Von ausländischen Staatsangehörigen können weitere Dokumente verlangt werden. Mehr dazu lesen Sie im Kapitel «Einen Ausländer, eine Ausländerin heiraten» (Seite 135).

Zeitlicher Ablauf Stellt der Zivilstandsbeamte fest, dass alle Anforderungen erfüllt sind, teilt er den Brautleuten mit, dass sie innert drei Monaten, frühestens aber in zehn Tagen heiraten können (wenn die Heirat eilt, zum Beispiel bei Todesgefahr, kann sie sofort stattfinden). Wer länger als drei Monate mit der Heirat zuwartet, muss das ganze Vorbereitungsverfahren wiederholen.

Den Trauungstermin können Sie mit dem Zivilstandsbeamten abmachen. Besondere Daten sind allerdings meist schon früh ausgebucht. Wollen Sie nicht auf dem Zivilstandsamt Ihres Wohnsitzes heiraten, stellt Ihnen das Amt eine Trauungsermächtigung aus. Damit können Sie auf jedem Zivilstandsamt in der Schweiz heiraten. Wünschen Sie auch eine religiöse Trauung, darf diese erst nach der zivilen stattfinden.

Neben all den amtlichen Aspekten erhalten Sie auf dem Zivilstandsamt auch Informationen und Beratung. Zum Beispiel zur Wahl des Familiennamens oder zum Beschaffen der richtigen Dokumente, wenn ein Verlobter Ausländer ist.

Im Ausland heiraten

Niemand muss zwingend in der Schweiz heiraten. Sie dürfen also den romantischen Palmenstrand in der Südsee oder die kitschige Heiratskapelle in Las Vegas dem Schweizer Trauzimmer vorziehen. Es gibt auch andere gute Gründe für eine Heirat im Ausland: zum Beispiel dass die Familienangehörigen der ausländischen Braut kein Visum für die Schweiz erhalten oder dass die Reise für sie zu teuer wäre.

Ob Sie im Ausland heiraten können und welche Dokumente Sie mitbringen müssen, bestimmt sich nach dem Recht des Landes, in dem die Hochzeit stattfinden soll. Erkundigen Sie sich frühzeitig bei der ausländischen Vertretung in der Schweiz, also der Botschaft oder dem Konsulat. Im Internet finden Sie eine übersichtliche Liste (www.eda.admin.ch → Vertretungen). Im Normalfall benötigten Sie für die Heirat folgende Dokumente:

- einen neuen, auf dem internationalen Formular ausgestellten Geburtsschein (erhältlich beim Zivilstandsamt am Geburtsort)
- einen aktuellen Personenstandsausweis (erhältlich beim Zivilstandsamt am Heimatort)
- eine neue Wohnsitzbestätigung (erhältlich auf der Gemeindeverwaltung am Wohnsitz)
- einen gültigen Pass oder eine ID (erhältlich im Passbüro oder bei der Gemeindeverwaltung am Wohnsitz)

Ein Ehefähigkeitszeugnis wird je länger je weniger verlangt. Wenn doch, darf es nicht älter als sechs Monate sein. Sie erhalten es beim Zivilstandsamt an Ihrem schweizerischen Wohnsitz.

Die Heirat in der Schweiz melden Ist einer von Ihnen oder sind Sie beide Schweizer, melden Sie die im Ausland geschlossene Ehe sofort bei der schweizerischen Vertretung im Land und geben dort den Original-Eheschein ab. Die Liste der Schweizer Vertretungen im Ausland finden Sie im Internet unter www.eda.admin.ch → Vertretungen). Sind Sie schon wieder zurück in der Schweiz, wenden Sie sich an die kantonale Aufsichtsbehörde im Zivilstandswesen für Ihren Heimatort.

Die Ehe annullieren

Es kann – oops! – nicht nur Popstar Britney Spears passieren: Auch Normalsterbliche in der Schweiz können die Ehe in besonderen Fällen annullieren lassen. Das Gesetz erlaubt dies, wenn ein Ungültigkeitsgrund vorliegt.

Gegen eine **unbefristete Ungültigkeit** muss die zuständige Behörde von Amtes wegen klagen. Klagen kann zudem jedermann, der ein Interesse nachweist, und zwar auch noch nach Jahren. Eine unbefristete Ungültigkeit liegt vor bei:

- Mehrfachehe (Bigamie), wenn die frühere Ehe inzwischen nicht durch Scheidung oder Tod aufgelöst worden ist
- dauerhafter Urteilsunfähigkeit eines Ehegatten seit der Heirat
- Heirat in gerader Verwandtschaftslinie oder unter Geschwistern
- einseitiger Scheinehe, also wenn eine Seite nur wegen der Aufenthaltsbewilligung geheiratet hat (mehr dazu auf Seite 139)

Gegen eine **befristete Ungültigkeit** können nur die Eheleute selber klagen, und zwar innert sechs Monaten, seit sie vom Ungültigkeitsgrund wissen. Fünf Jahre nach der Heirat lässt sich die Ehe nicht mehr annullieren. Gründe für eine befristete Ungültigkeit sind:

- Ein Ehegatte war bei der Trauung aus einem vorübergehenden Grund nicht urteilsfähig, stand zum Beispiel unter Medikamenten-, Drogen- oder starkem Alkoholeinfluss.
- Eine Seite ist die Ehe irrtümlich eingegangen oder hat die Trauung mit der betreffenden Person nicht gewollt. Dies dürfte in der Schweizer Praxis kaum vorkommen.
- Ein Ehegatte hat die Ehe geschlossen, weil er über wesentliche persönliche Eigenschaften des andern absichtlich getäuscht worden ist. Der Ehemann findet zum Beispiel erst nach der Hochzeit heraus, dass seine Frau als Prostituierte arbeitet.
- Die Ehe wurde aufgrund einer massiven Drohung geschlossen. Unter diesen Punkt fallen zum Beispiel Zwangsehen (siehe Seite 140).

Ist ein Ehepartner Ausländer und haben Sie bei der Heirat kein Ehefähigkeitszeugnis vorgelegt, können die Behörden zusätzlich zum Eheschein Urkunden über Geburt, Abstammung, Zivilstand und Nationalität verlangen. Nach der Einreise in die Schweiz, muss sich der ausländische Partner innert einer Woche bei der Wohnsitzgemeinde und der Ausländerbehörde anmelden. Er bekommt eine Daueraufenthaltsbewilligung B. Sind beide Eheleute ausländische Staatsangehörige, entscheidet die Ausländerbehörde über die Anerkennung der Heiratspapiere und die Aufenthaltsbewilligung (mehr dazu auf Seite 141).

Wird die Ehe anerkannt? In der Regel anerkennen die Schweizer Behörden die im Ausland gültig geschlossene Ehe. Nicht anerkannt wird eine Heirat vor einer nicht staatlich akkreditierten Behörde, zum Beispiel vor dem Kreuzfahrtkapitän auf hoher See oder dem Chefpiloten im Flugzeug. Anerkannt wird dagegen auch eine Blitzheirat in Las Vegas in einer lizenzierten «wedding chappel» (Hochzeitskapelle) im Casino-Hotel.

Den Familiennamen bestimmen

Schon vor dem Jawort müssen Sie sich im Klaren sein, welchen Familiennamen Sie tragen wollen. Unternehmen Sie nichts, gilt nach der Heirat automatisch der Name des Mannes als Familienname. Bei diesem Thema ist die Gleichstellung der Geschlechter also noch nicht vollzogen. Und im März 2009 hat der Nationalrat die Vorlage zur Revision des Namensrechts zur Überarbeitung zurückgewiesen.

Gemäss der Vorlage hätten Mann und Frau ihren bisherigen Namen behalten oder einen von beiden als gemeinsamen Familiennamen wählen können. Der Doppelname ohne Bindestrich wäre weggefallen. Wie ein neuer Vorschlag aussehen wird, ist völlig offen.

Nach der Heirat können also nicht beide ihren Namen behalten. Als Frau dürfen Sie aber Ihren bisherigen Namen dem Familiennamen voranstellen. Wollen Sie das, müssen Sie Ihren Entscheid dem Zivilstandsbeamten mitteilen. Möchten Sie beide den Namen der Frau als Familiennamen führen, müssen Sie vor der Heirat bei der Regierung Ihres Wohnsitzkantons ein Gesuch stellen. Dann ändert der Mann mit der Heirat den Namen. Das Gesuch ist kostenlos und wird bewilligt, wenn achtenswerte Gründe vorliegen, zum Beispiel:

Vier Möglichkeiten der Namenswahl

Sarah Sieber und Urs Weber heiraten. Wie heissen sie?

1. Sie unternehmen nichts.
   → Sarah Weber und Urs Weber
2. Sarah Sieber erklärt dem Zivilstandsbeamten, sie wolle ihren bisherigen Namen voranstellen.
   → Sarah Sieber Weber und Urs Weber
3. Sie stellen gemeinsam ein Gesuch, den Namen der Frau als Familiennamen führen zu dürfen.
   → Sarah Sieber und Urs Sieber
4. Zusätzlich zum Gesuch erklärt Urs Weber dem Zivilstandsbeamten, er wolle seinen bisherigen Namen voranstellen.
   → Sarah Sieber und Urs Weber Sieber

- Sie haben voreheliche Kinder, die den Namen der Frau tragen.
- Sie empfinden beide den Namen der Frau als schöner oder es handelt sich um einen seltenen Namen.
- Der ausländische Name des Mannes ist schwierig auszusprechen.

Diese Bewilligung ist also in der Regel eine reine Formsache. Führen Sie in Zukunft den Namen der Frau, darf der Mann dem Zivilstandsbeamten erklären, dass er seinen bisherigen Namen dem Familiennamen voranstellen will.

Und die Kinder? Die gemeinsamen Kinder eines Ehepaars tragen immer nur den Familiennamen. Kinder erhalten keinen Doppelnamen. Heisst die Mutter also zum Beispiel Sieber Weber, ist der Nachname der Kinder Weber.

Der Allianzname Und warum heissen unsere Bundesrätinnen Frau Calmy-Rey und Frau Widmer-Schlumpf? Amtlich heissen die Damen «nur» Frau Calmy und Frau Widmer. Der Bindestrichname – Juristen sagen Allianzname – ist vom Gesetz gar nicht vorgesehen. Trotzdem verwenden ihn viele Ehepaare. Im nicht amtlichen Verkehr ist dies auch durchaus erlaubt. Herr Meyer und Frau Reichmann können nach ihrer Heirat also ihren Briefkasten mit Meyer-Reichmann beschriften. Möglich ist sogar, den Allianznamen im Pass oder in der ID eintragen zu lassen.

Der Künstlername Nur im Verkehr mit Behörden muss man sich mit dem korrekten amtlichen Namen ansprechen oder anschreiben lassen. Im nicht amtlichen Leben, zum Beispiel unter Freunden, am Arbeitsplatz oder gegenüber der Hausbank, darf sich eine Frau Brennwald Suter auch einfach Frau Brennwald nennen. Es gilt hier gleiches Recht wie beim Künstlernamen: Schlagersänger Udo Jürgens zum Beispiel heisst amtlich Udo Jürgen Bockelmann.

Das Bürgerrecht

Bei der Heirat behält die Ehefrau ihr Bürgerrecht, das sie als Ledige hatte. Zusätzlich erhält sie das Bürgerrecht ihres Ehemanns. Dafür verliert sie ein Bürgerrecht, das sie aus einer früheren Ehe hat. Für den Mann ändert sich nichts.

Als Ledige ist Karin D. Bürgerin von Sachseln. Ihr erster Ehemann ist Bürger von Mosnang, ihr zweiter Ehemann Bürger von Langnau i. E. In der ersten Ehe und auch nach ihrer Scheidung ist Frau D. Bürgerin von Sachseln und Mosnang. Nach der zweiten Heirat ist sie Bürgerin von Sachseln und Langnau i. E.

Die gemeinsamen Kinder erhalten das Kantons- und Gemeindebürgerrecht des Vaters. Heiraten die Eltern erst nach der Geburt, erhält das Kind zuerst das Bürgerrecht der Mutter und wechselt mit der Heirat zum Bürgerrecht des Vaters. Ist nur ein Elternteil Schweizer, erhält das Kind immer den Schweizer Pass.

Wohnsitz, eheliche Wohnung, Familienwohnung

Das Gesetz schafft hier etwas Verwirrung: Einmal ist von der ehelichen, dann wieder von der Familienwohnung die Rede. Die eheliche Wohnung ist der Ort, wo sich das Familienleben ganz oder teilweise abspielt. Die Familienwohnung ist der Ort, wo die Familie ihren Lebensmittelpunkt hat. Relevant ist nur die Familienwohnung.

Schutz für die Familienwohnung Im Normalfall wohnt ein Ehepaar nur in einer Wohnung. Dann gilt diese eheliche Wohnung immer auch als Familienwohnung. Diese geniesst einen besonderen Schutz.

Wohnt das Ehepaar zur Miete, können die Eheleute die Wohnung nur gemeinsam kündigen – egal, ob nur einer oder beide den Mietvertrag unterschrieben haben. Auch der Vermieter muss seine Kündigung zwingend beiden Eheleuten zustellen. Handelt es sich bei der Familienwohnung um ein Eigenheim, das zum Beispiel dem Ehemann allein gehört, darf dieser die Liegenschaft nur mit Zustimmung seiner Frau verkaufen und auch für eine Erhöhung der Hypothek ist unter Umständen ihr Einverständnis nötig. Auch wenn Sie zum Beispiel einen Untermieter in die Familienwohnung aufnehmen oder jemand anderem ein Wohnrecht einräumen wollen, brauchen Sie dafür das Okay Ihrer Ehefrau, Ihres Mannes.

Andere Wohnungen des Ehepaars Manche Ehepaare haben auch eine Ferienwohnung. Verbringen sie dort gemeinsam ihre Ferien oder die Wochenenden, gilt diese Wohnung zwar als eheliche, nicht aber als Familienwohnung. Ist zum Beispiel die Ehefrau allein Mieterin oder Eigentümerin, braucht sie für eine Kündigung bzw. einen Verkauf die Zustimmung ihres Mannes nicht.

Es kommt auch vor, dass Eheleute unter der Woche aus beruflichen Gründen nicht in der gleichen Wohnung leben können. Die Familienwohnung ist dann diejenige Wohnung, in der das Ehepaar gemeinsam die Wochenenden verbringt.

Max W. wohnt und arbeitet unter der Woche in Zürich. Am Wochenende lebt er mit Ehefrau Sandrine und den Kindern in Genf. Die Ferien verbringt die Familie meist in der Ferienwohnung auf der Lenzerheide.

- Die Wohnung in Zürich ist weder eheliche noch Familienwohnung.
- Die Wohnung in Genf ist sowohl eheliche wie auch Familienwohnung.
- Die Ferienwohnung auf der Lenzerheide ist nur eine eheliche Wohnung.

Der Wohnsitz der Eheleute «Der Wohnsitz einer Person befindet sich an dem Orte, wo sie sich mit der Absicht des dauernden Verbleibens aufhält. Niemand kann an mehreren Orten zugleich seinen Wohnsitz haben», sagt Artikel 23 ZGB. Entscheidend ist also nicht, wo man seine Papiere hinterlegt oder eine Wohnung gemietet hat. Wohnsitz hat man dort, wo sich der Lebensmittelpunkt befindet, wo man Zeit mit seinen engsten Bezugspersonen verbringt. Eheleute haben in der Regel am Ort der Familienwohnung ihren gemeinsamen Wohnsitz.

Und auch wenn es mondän tönt: Man hat nicht gleichzeitig Wohnsitz in Zürich und St. Moritz. Eine Person kann nur einen rechtlichen Wohnsitz haben. Möglich ist, dass die Ehefrau Wohnsitz in Zürich hat und der Ehemann in St. Moritz. Dies zum Beispiel, wenn das Paar sich trennt oder wenn jeder Ehegatte an seinem Wohnort arbeitet und das Paar abwechselnd die Wochenenden in der Wohnung des andern verbringt.

Am Wohnsitz übt man das Stimm- und Wahlrecht aus, bezahlt Steuern, kann betrieben oder beklagt werden und beansprucht Sozialhilfe

Braucht es einen Ehevertrag?

Die meisten Ratsuchenden am Beratungstelefon des Beobachters, die sich wegen eines Ehevertrags erkundigen, wollen damit
- die Haftung für voreheliche Schulden des Partners ausschliessen.
- bei einer Scheidung ihr während der Ehe erworbenes Pensionskassenguthaben nicht teilen müssen.
- allfällige Alimente bei einer Trennung oder Scheidung vorsorglich ausschliessen.

Solche Wünsche lassen sich nicht via Ehevertrag verwirklichen. Was Sie im Ehevertrag regeln können und wann er sinnvoll ist, lesen Sie im Kapitel «Das eheliche Vermögen» (Seite 70).

Der schönste Tag

Die wenigsten Leute gehen aufs Standesamt und danach, wie wenn nichts gewesen wäre, wieder zur Arbeit. Die Hochzeit ist für die meisten ein grosser Festtag. Da braucht es einiges an Vorbereitung – auch wenn man schliesslich nur noch das Wörtchen Ja sagen muss.

Vielen Paaren ist es wichtig, den Bund des Lebens nicht nur vor der Zivilstandsbeamtin, sondern auch vor Gott zu schliessen. Die Ziviltrauung kommt allerdings immer zuerst.

Die Ziviltrauung

Es ist nicht wie im Kino: Die Zivilstandsbeamtin darf Sie nicht am romantischen Bergsee oder im Garten der Eltern trauen. Das Gesetz bestimmt rigoros: «Die Trauung findet im Trauungslokal des Zivilstandskreises statt, den die Verlobten gewählt haben.» Das muss nicht zwingend am eigenen Wohnort sein und es heisst auch nicht, dass Sie die ersten Minuten Ihrer Ehe in einem nüchternen Amtslokal verbringen müssen. Manche Gemeinden verfügen ohnehin über ein prunkvolles Trauungslokal, andere stellen neben dem Raum auf dem Zivilstandsamt gegen einen Aufpreis besondere offizielle Trauungszimmer zur Verfügung. In Baden zum Beispiel in der Villa Boveri, im Kanton Bern auf dem Schilthorn und im Kanton Zürich in der Masoala-Halle im Zürcher Zoo.

Und wenn die Hochzeitszeremonie unbedingt an einem andern Ort stattfinden soll? Die offizielle Trauung muss in einem Trauungslokal über die Bühne gehen. Ihr Zivilstandsbeamter ist aber womöglich bereit, den Trauungsakt vor versammelter Hochzeitsgesellschaft nachzustellen. So ist es dann doch ein bisschen wie im Film!

Das Jawort Die Trauung ist öffentlich. Jedermann darf also im Trauungslokal anwesend sein und Ihrem Jawort lauschen. In der Praxis kommen natürlich nur die Gäste, die Sie einladen. Zwingend anwesend sein müssen zwei über 18 Jahre alte und urteilsfähige Trauzeugen. Diese Trauzeugen können Sie auch noch in letzter Minute bestimmen; sie müssen aber unbedingt den Pass oder die ID dabeihaben.

Die Zivilstandsbeamtin fragt Braut und Bräutigam einzeln, ob sie die Ehe mit dem andern eingehen wollen. Sagen beide ja, erklärt sie die Ehe als geschlossen. Danach unterzeichnen die Eheleute und die Trauzeugen die Hochzeitsdokumente.

Frei für die Hochzeit Der Arbeitgeber muss Ihnen – und auch Ihren nahen Verwandten – für die Hochzeit freigeben. Allerdings legt das Gesetz nicht fest, wie viel Freizeit zu gewähren ist. Es spricht lediglich von den «üblichen freien Stunden und Tagen». Die meisten Firmen regeln die Absenzenfrage im Personalreglement oder direkt im Arbeitsvertrag. Auch vielen Gesamtarbeitsverträgen ist zu entnehmen, wer wann wie lange freimachen darf. Ist in Ihrem Betrieb nichts geregelt, können Sie sich an folgende Richtlinien halten: für die eigene Heirat zwei bis drei Tage, für die Heirat eines nahen Verwandten ein Tag.

Die kirchliche Trauung

Früher war es praktisch undenkbar, dass ein Katholik eine Reformierte ehelichte (oder umgekehrt). Heute ist das gang und gäbe. Eine ökumenische Trauung dagegen gibt es nach wie vor nicht, denn ein Pfarrer ist entweder reformiert oder katholisch und traut entsprechend seiner Konfession. Es ist zwar möglich, dass sowohl ein katholischer Pfarrer wie auch eine reformierte Seelsorgerin in der Kirche anwesend sind. Doch weil beide Konfessionen jeweils die andere Trauung anerkennen, lässt sich kaum ein Paar von zwei Seelsorgern trauen.

Ein wesentlicher Unterschied zwischen Reformierten und Katholiken ist, dass man im Lauf des Lebens mehrmals vor den reformierten Traualtar treten kann. Bei den Katholiken ist dies nicht möglich. Es sei denn, nicht nur der Scheidungsrichter, sondern auch die Kirchenoberen heben die frühere Ehe auf.

Wo heiraten? Viele Paare möchten dem Himmel besonders nahe sein und sich in einer Bergkirche das Eheversprechen vor Gott geben. Andere suchen eine besonders schöne Kappelle auf dem Land.

Doch diese speziellen Trauungsorte sind oft auf Monate oder sogar Jahre hinaus reserviert – vor allem, wenn das Hochzeitsdatum beispielsweise der 29.09.2009 sein soll. Auch sind sie nicht gratis. Einfacher ist es, in der Kirche Ihrer Gemeinde zu heiraten. Diese steht Ihnen normalerweise kostenlos zur Verfügung.

Weitere Informationen zur kirchlichen Hochzeit finden Sie im Internet unter www.kirchenhochzeit.ch.

Unvergessliches Hochzeitsfest

Hochzeiten können in Kirchen oder Kapellen stattfinden, müssen aber nicht. Alternativ gestaltete Hochzeiten gibt es heutzutage immer häufiger, sei es, dass ein Paar Ideen hat, die sich im kirchlichen Rahmen nicht realisieren lassen, oder dass man seine Liebe nicht vor Gott, sondern nur vor Freunden und Verwandten bezeugen will. Wer will, kann sich das Jawort unter Wasser, auf den höchsten Bergen, in der Luft, im Wald, in einer Berghütte oder an einer grossen Party geben. Der Fantasie sind keine Grenzen gesetzt – nur sollten Sie sich bewusst sein, dass Sie mit einer allzu ausgefallenen Feier vielleicht viele Freunde und Verwandte vor den Kopf stossen.

Im Internet und im Telefonbuch finden Sie Ritualberaterinnen und freischaffende oder konfessionslose Theologen, die Ihnen bei einer persönlichen Gestaltung behilflich sind. Ein «wedding planner» organisiert das ganze Hochzeitsfest für Sie.

Die Finanzen Dass die Eltern als Hochzeitsgeschenk die Kosten des Festes übernehmen, wie es vor ein paar Jahrzehnten noch üblich war, ist heute eher ein alter Brauch. Unverändert ist, dass viele Paare den Hochzeitstag als unvergesslichen, wenn nicht gar schönsten Tag in ihrem Leben gestalten möchten. Das hat seinen Preis: Eine Hochzeit mit allen Gebühren, Blumensträussen, Einladungen, Essen und Unterhaltungsprogramm kostet schnell einmal eine fünfstellige Summe. Wie teuer Ihr Fest zu stehen kommt, hängt natürlich davon ab, wie viele Gäste Sie wohin und wie einladen.

Checkliste: die Hochzeit organisieren

Sechs Monate vorher
- Hochzeitstermin mit den wichtigsten Freunden und den Angehörigen koordinieren
- Rahmen des Festes festlegen (Standesamt und Kirche oder nur Standesamt? Ort der Feier, Programm?)
- Papiere fürs Standesamt zusammenstellen
- Eheschliessung beim Standesamt anmelden
- Gespräch mit dem Pfarrer vereinbaren, Kirche reservieren und die Hochzeitszeremonie vorbesprechen
- Vorläufige Gästeliste aufstellen
- Lokalität für die Hochzeitsfeier auswählen, Offerten fürs Essen einholen
- Musiker oder DJ und Fotograf engagieren

Fünf Monate vorher
- Hochzeitsanzeigen in Auftrag geben (wer wird ans Fest eingeladen, wer bloss zum Apéro?)
- Hochzeitsreise buchen
- Hochzeitsauto, Car, Schiff oder Kutsche bestellen

Vier Monate vorher
- Einladungskarten verschicken
- Wunschliste zusammenstellen und den geladenen Gästen schicken
- Trauzeugen auswählen und ihre Aufgabe besprechen
- Hochzeitskleid und Anzug kaufen (oder mieten)
- Unterkunft für auswärtige Gäste organisieren
- Wenns einen geben soll: Apéro organisieren

Sechs Wochen vorher
- Ablauf der Trauung mit dem Pfarrer besprechen
- Ringe kaufen
- Termin mit dem Fotografen vereinbaren
- Garderobe fürs Standesamt aussuchen
- Polterabend planen

Vier Wochen vorher
- Termin beim Coiffeur reservieren
- Brautstrauss, Blumen für die Trauzeugin, Tischdekoration bestellen
- Lagebesprechung mit den engsten Angehörigen und den Trauzeugen

Zwei Wochen vorher

- Tischordnung festlegen und Tischkarten schreiben
- Bei allen Reservationen nochmals Bestätigung einholen
- Falls jemand einen Schlüssel Ihrer Wohnung hat: zurückverlangen, damit Sie bei der Heimkehr vom Fest keine Überraschung vorfinden

Eine Woche vorher

- Polterabend vorbereiten
- Hochzeitsschuhe einlaufen – oder Blasenpflaster kaufen
- Koffer für die Hochzeitsreise packen

Einen Tag vorher

- Früh ins Bett gehen, Tee trinken, abwarten und auf schönes Wetter hoffen

Am Hochzeitstag

- Wohnung abschliessen. Sonst finden Sie nach dem Fest das Schlafzimmer womöglich mit roten Ballons gefüllt oder den Eingang mit randvollen Wasserbechern verstellt.

Die Hochzeitsgeschenke Eine Hochzeit ohne Geschenke ist wie ein Geburtstagskuchen ohne Kerzen. Doch gute Ideen sind oft Mangelware. Ihr Umfeld wird froh sein, wenn Sie bekannt geben, was Sie sich wünschen.

Viele Brautpaare erstellen selber oder in einem Warenhaus eine Wunschliste, die sie ihren Verwandten, Bekannten und Freunden in Papierform zukommen lassen. Das Ganze lässt sich auch per Internet abwickeln: Geben Sie in einer Suchmaschine die Begriffe «heiraten», «Hochzeit» oder «Wunschliste» ein, und Sie finden Dutzende von Firmen und Warenhäusern, die solche Listen anbieten. In diese können sich dann alle Leute einklicken, Ihnen ein passendes Geschenk aussuchen und es gleich online bezahlen.

Achten Sie darauf, dass in Ihrer Wunschliste Geschenke für jedes Budget vorkommen. Die Nachbarin oder der Arbeitskollege werden vielleicht 50 Franken ausgeben wollen, nahe Familienangehörige und enge Freunde dagegen 100 oder auch 500 Franken.

Hochzeitsbräuche und ihre Bedeutung

Die Braut heiratet in Weiss – ist ja klar. Vielleicht würde sie, wenn sie die Bedeutung dahinter wüsste, lieber eine andere Farbe wählen. Und weshalb wird das Brautpaar, wenn es aus der Kirche kommt, mit Reis überschüttet? Ein Streifzug durch hiesige Bräuche rund ums Hochzeitsfest.

- **Polterabend:** Der Polterabend findet am Vorabend der Hochzeit statt, am letzten Abend in Freiheit. Der Bräutigam verbringt ihn mit seinen Freunden, die Braut mit ihren Freundinnen. Am Polterabend wird viel Geschirr (meist Porzellan) zerschlagen, denn Scherben bringen Glück.
- **Eheringe:** Ringe sind Sinnbilder für die Ewigkeit. Dass der Ring am Ringfinger getragen wird, ist vermutlich darauf zurückzuführen, dass man früher glaubte, eine Vene führe von da direkt zum Herzen und somit zur Liebe.
- **Hochzeitskleid:** Zumindest in Europa ist Weiss die klassische Farbe für Brautkleider. Weiss steht für Friede, Freude und Vollkommenheit, aber auch für Reinheit, also sexuelle Keuschheit. Auch der Brautschleier symbolisierte ursprünglich die Unberührtheit, heute ist er nur noch modisches Accessoire.
- **Brautstrauss werfen:** Die frisch vermählte Braut dreht sich nach der Trauung vor der Kirche um und wirft ihren Brautstrauss hinter sich in die Menge der ledigen Frauen. Diejenige, die ihn fängt, kommt als Nächste unter die Haube.
- **Blüten streuen und Reis werfen:** Wenn Blumenkinder nach der Hochzeit Blüten streuen, soll dies dem Brautpaar reichen Kindersegen bescheren. Eine ähnliche Bedeutung hat das Reis-Werfen: Reiskörner sind in Asien Symbol für neu entstehendes Leben. Statt Reis werfen die Gäste heute aber eher Konfetti oder «wedding bubbles»: Seifenblasen mit Glückssujets.
- **«Füürschtei»:** Diese Bonbons in Papierchen mit Sinnsprüchen dürfen an keiner Hochzeit fehlen! Das Brautpaar wirft sie in die Menge und die Kinder sammeln sie auf.
- **Dosen am Auto, Hupkonzert:** Hupen ist nicht nur ein Zeichen der Freude, der Lärm soll böse Geister vertreiben. Und last but not least sollen alle sehen, dass hier eine Hochzeit stattfindet.

Die Heirat melden

Das Zivilstandsamt am Trauungsort macht von sich aus folgenden Stellen Mitteilung:

- Ihrem schweizerischen Wohnort
- dem Zivilstandsamt am Heimatort
- dem Bundesamt für Migration, sofern Sie anerkannter Flüchtling, Asylbewerberin oder vorläufig Aufgenommener sind
- dem Bundesamt für Statistik

Folgende Stellen müssen Sie selber informieren:

- Ihre Arbeitgeber
- den Vermieter der Familienwohnung
- die AHV-Ausgleichskasse, wenn Sie eine AHV- oder IV-Rente beziehen
- Ihre Versicherungen und die Krankenkasse
- die Schule, wenn Sie bereits Kinder haben

Wer den Namen gewechselt hat, muss auch den Pass, die ID, den Fahrausweis sowie die Konten- und Kreditkarten ändern lassen.

Der Familienausweis und der Eheschein Der Familienausweis ersetzt seit 2004 das bekannte Familienbüchlein. Er dient im Verkehr mit den Behörden als Ausweis über den Bestand der Familie. Die Eheleute erhalten ihn sofort nach der Trauung vom Zivilstandsamt des Trauungsorts, sofern ein Ehegatte in der Schweiz Wohnsitz hat oder das Schweizer Bürgerrecht besitzt.

Für die kirchliche Trauung braucht es in der Regel einen Eheschein. Ausländerinnen und Ausländer benötigen für die Eintragung der Heirat im Heimatland einen internationalen Eheschein. Beide Dokumente erhalten Sie vom Zivilstandsamt am Trauungsort.

Die Ehe leben

Spätestens nach der Rückkehr aus den Flitterwochen fängt er an: der Alltag. Wie Sie ihn gestalten, ist weitgehend Ihnen überlassen. Das Gesetz sagt, was man als Eheleute voneinander erwarten darf, und legt für zentrale Lebensbereiche Minimalstandards fest. Auf den folgenden Seiten finden Sie diese rechtlichen Grundlagen, aber auch Anregungen, wie Sie mit den alltäglichen Reibungsflächen umgehen und die Beziehung spannend halten können.

2

Den Alltag gestalten

Mit der Heirat lassen sich Mann und Frau auf einen gemeinsamen Alltag ein. Laut Gesetz sind sie beide verpflichtet, das Wohl ihrer Gemeinschaft und ihrer Kinder in einträchtigem Zusammenwirken zu wahren. Es gibt also kein einseitiges Bestimmungsrecht einer Seite, wenn es um die Familie geht. Das entspricht der heutigen Auffassung von einer Partnerschaft.

Ein Schiff mit zwei Kapitänen bleibt aber nur so lange auf gutem Kurs, wie die beiden sich permanent absprechen. Oft gelingt das spontan und selbstverständlich. Es ist aber auch unumgänglich, dass beide Partner ihre Wünsche und Ansichten offen diskutieren und jede Seite in der Lage ist, Kompromisse einzugehen.

Knigge für Paare oder Liebe ist…

Alltag ist das Gegenteil von Fest- und Feiertagen oder sonstigen aussergewöhnlichen Zeiten. Romantische Gefühle und blubbernde Hormone passen auf Wolke sieben – für den harmonischen Alltag brauchts zur grossen Liebe noch zwei, drei Ingredienzen mehr.

Zum Beispiel Abmachungen, wer was im Haushalt tut. Sie finden Ämtli kindisch? Spätestens dann, wenn Satzfetzen fliegen wie: «Könntest du eigentlich nicht mal…», oder: «Warum muss eigentlich dauernd ich…», ist ein Ämtliplan ein hilfreiches Instrument. Sie müssen ihn ja nicht gleich an die Wand hängen, wo ihn jeder Besuch sehen kann.

Knackpunkte im Alltag Dass Frauen auch nach der Hochzeit berufstätig bleiben, ist heute die Regel. Doch die Männer drängen keineswegs darauf, mehr Aufgaben im häuslichen Bereich zu übernehmen. Am ehesten beteiligen sie sich in der Küche. Putzen, Waschen und Bügeln ist nach wie vor Frauensache.

Was, wenn man mit dieser Rollenverteilung nicht (mehr) zufrieden ist? Am Anfang der grossen Liebe wischen Sie vielleicht mal Staub, auch wenn Sie es noch gar nicht nötig finden – um dem andern eine Freude zu bereiten. Schön, wenn man auch später dem Partner, der Partnerin ab und zu einen solchen Gefallen tut. Tatsache ist aber, dass die meisten diese Aufmerksamkeiten im Lauf der Jahre gern vergessen und deshalb Spannungen entstehen. Es passiert eben nicht bloss in Boulevardschwänken, dass sich Paare wegen falsch aufgehängter Jacken oder der falsch ausgequetschten Zahnpastatube in die Haare geraten. Das ist Alltag!

Paare tun gut daran, sich immer wieder vor Augen zu führen, dass sie zusammenleben, weil sie miteinander den Alltag verbringen wollen. Und auch wenn es für manche lächerlich und bieder wirken mag: Wünsche und Vorstellungen punkto Ordnung und Sauberkeit müssen mit der nötigen Portion Selbstkritik und Toleranz ausdiskutiert werden.

Freizeit zu zweit und allein Wer kennt das nicht! Sie begleitet den Lover zum Squashen, obwohl sie sich am Ende der Schulzeit geschworen hat, nie mehr einen Ball zu werfen. Er lässt sich in Konzerte und Ausstellungen schleppen, obwohl er mit Kunst und Kultur nicht viel am Hut hat. Zynische und spitze Bemerkungen von Kollegen ignorieren Sie in dieser Phase am besten oder tun sie getrost als Neid ab. Und wer weiss, vielleicht werden ja durch den Ehegatten neue Interessen geweckt!

Was aber, wenn dieses Interesse mit der Zeit verflacht? Halb so schlimm – gemeinsam leben heisst nicht, jeden Weg gemeinsam zu gehen und jede freie Minute miteinander zu verbringen. Niemand kann verlangen, dass Sie sich selber aufgeben, genauso wie sich auch die Partnerin, der Partner nicht aufgeben soll. Wichtig ist, in der Freizeit auch den eigenen Interessen nachzugehen und dem andern seine Bedürfnisse zuzugestehen. Wem dies gelingt, der fühlt sich nicht festgebunden, aber beim andern aufgehoben.

Blasen Sie nicht zu Hause Trübsal, wenn Ihr Ehemann, Ihre Frau allein oder in fremder Gesellschaft einem Hobby frönt. Unternehmen Sie selber etwas. Dann können sich beide auf die Heimkehr des andern freuen. «Wie war dein Abend?» – und schon sind Sie mitten im Gespräch und haben sich was zu sagen.

Alte Freunde und Familie Die Freunde Ihres Mannes müssen nicht Ihre Freunde sein – und Ihre nicht seine. Wer alles teilen will, läuft Gefahr, dass die Beziehung keine frische Luft bekommt und erstickt. Auch wenn Ihre Liebste Ihr Ein und Alles ist, das Bedürfnis nach zwischenmenschlichen Kontakten, Bestätigung und Zuneigung kann nicht von einer Person allein gestillt werden.

Seien Sie nicht gekränkt, wenn Ihr Mann von seinen alten Freunden allein eingeladen wird, Ihre Partnerin mit der besten Kollegin durch die Kneipen zieht. Im Gegenteil, ermuntern Sie den Freundeskreis, Sie nach wie vor als eigenständige Personen wahrzunehmen. Er ist nämlich mehr als bloss Ihr Partner, und Sie sind mehr als nur sein Anhang. Gönnen Sie sich Zeit allein. Achten Sie aber darauf, dass Sie nicht bloss dann zusammen sind, wenn Sie selbst oder der andere gerade nichts Besseres los haben.

Nähe und Distanz Partnerbeziehung und Selbstverwirklichung sind keine Gegensätze, denn Verschmelzung, Einswerden und Allesteilen-Wollen sind nur eine Seite der Liebe. Unabhängigkeit, Meinungsverschiedenheiten und Distanz sind die andere. Doch Vorsicht! Die Energie der Liebe ist keine unerschöpfliche Ressource, die endlos geplündert werden kann. In einem zu engen System wird es schnell mal langweilig, weil die Anregung der Aussenwelt fehlt.

Leidenschaft im Alltag Sex hat in einer Partnerschaft einen hohen Stellenwert. Doch der Blick durchs Schlüsselloch ist ernüchternd: Schon im zweiten Jahr hat ein durchschnittliches Paar nur noch halb so viel Sex wie in den ersten zwölf Monaten – und die Häufigkeit nimmt stetig ab. Einige Paare suchen Hilfe bei Sexualtherapeuten, doch die meisten verschweigen die Probleme. Andere gehen fremd.

Der spontane, leidenschaftliche Sex, von dem man in den Flitterwochen nicht genug bekommen konnte, ist kein Massstab für die kommenden Jahre – wer das glaubt, wird von einem Partner zum andern hetzen. Im Lauf der Beziehung wird man vom sexuellen Verlangen nicht mehr einfach überfallen, deshalb muss die Entscheidung für Sex der Lust vorausgehen. Nicht mehr jede Begegnung ist knisternd, es sei denn, man schafft eine erotische Atmosphäre. Und alle Zeit der Welt hat man nur noch, wenn man sie sich nimmt.

Fremdgehen Manche Menschen finden, dass ein einmaliger Seitensprung eine Beziehung durchaus kitten könne und dass Sex zwar etwas mit Liebe zu tun haben kann, aber nicht muss. Für andere ist ein Seitensprung ein so grosser Vertrauensbruch, dass sie ihre Ehe nicht mehr weiterführen können.

Zur Frage, wie man mit Seitensprüngen umgehen soll, gibt es vermutlich so viele Antworten, wie es Paare gibt – wenn nicht gar doppelt so viele, denn jeder Mensch hat seine eigenen Empfindungen und Wertvorstellungen. Vier Dinge sollten bei und nach sexueller Untreue aber immer gelten:

- Beim Seitensprung im Minimum 'nen Gummi drum.
- Tun Sie sich und Ihrem Partner, Ihrer Partnerin den Gefallen und gestehen Sie den Seitensprung nicht, wenn Ihr einziger Beweggrund ist, dass Sie Ihr schlechtes Gewissen reinwaschen und Absolution erhalten wollen.
- Denken Sie darüber nach, wie es zum Seitensprung kam und was die Folgen sind.
- Haben Sie den Mut, einander Ihre Wünsche zu sagen! Sie bringen sich sonst um die Chance, Ihre Fantasien in der Partnerschaft zu leben.

Miteinander reden

Glauben Sie nicht, dass Ihre Ehefrau, Ihr Mann doch von sich aus merken müsse, was Sache ist. Reden Sie lieber Klartext. Sprechen Sie in Ich-Botschaften, denn Du-Botschaften können leicht als Anschuldigungen und Vorwürfe verstanden werden und rufen Widerstand hervor. Eine Ich-Botschaft beschreibt erstens eine Situation, zweitens Ihre Gefühle und drittens die Auswirkung. Hier ein Beispiel: «Wenn du mit deiner Bekannten und ihren Freundinnen ausgehst (die Situationsbeschreibung), bin ich gekränkt und verletzt (Ihre Gefühle), weil ich mich ausgestossen fühle und Angst habe, dass du nicht zu mir stehst (die Auswirkung).»

Miteinander streiten Wenn ein Wort das andere ergibt, können Worte wie Pfeile sein. Vor allem, wenn man darüber streitet, wer an was Schuld hat. Eine Beziehung findet jedoch nicht im Gerichts-

Spielregeln für Auseinandersetzungen

1. Zurücklehnen und entspannen
   - Wenn von beiden oder von einer Seite die Bereitschaft fehlt, den Konflikt auf friedliche Art zu lösen, gehen Sie am besten spazieren, bis das erhitzte Gemüt abgekühlt ist.

2. Zeit und Ort festlegen
   - Vielleicht ist es nicht ideal, den Konflikt an Ort und Stelle zu regeln.
   - Wo fühlen sich beide wohl? Auf einem Spaziergang, daheim oder in einem Restaurant?

3. Sagen, was Sache ist
   - Was ist das Problem?
   - Wer hält das Problem für (k)ein Problem?
   - Suchen Sie nach einem gemeinsamen Nenner.
   - In welchen Punkten bestehen unterschiedliche Meinungen?
   - Wer würde sich am ehesten damit abfinden können, wenn das Problem nicht behoben werden könnte?

4. Eins nach dem andern
   - Einigen Sie sich im ersten Durchgang auf ein einziges Thema. Problem B, C und alle weiteren verschieben Sie auf den nächsten Durchgang.
   - Beginnen Sie mit dem kleinsten Problem!

5. Zuhören
   - Beide schildern ihre Sicht der Dinge. Streichen Sie das Wort «aber» aus Ihrem Wortschatz.
   - Wie ist das Problem entstanden?
   - Was ist kränkend und verletzend?
   - Ist das Problem für beide verständlich und klar (ohne Verstehen kein Verzeihen)?

6. Lösung gemeinsam erarbeiten
   - Was spricht für und was gegen eine konkrete Lösung?
   - Herrscht Übereinstimmung bei einer Lösung?
   - Wer muss wie viele Kompromisse eingehen?
   - Können beide mit der gefundenen Lösung leben?

7. Abmachungen festhalten
   - Wie lange soll die Abmachung gelten?
   - Soll sie aufgeschrieben werden oder genügt ein Handschlag?

saal statt, deshalb ist die Frage nach der Schuld gar nicht so wichtig. Wichtiger ist, wie Sie aus dem Konflikt wieder herauskommen.

Die Kunst von Auseinandersetzungen besteht darin, konstruktiv zu streiten, die eigenen Interessen zu vertreten und eine gemeinsame Lösung zu finden. Das Gegenüber kann kritisiert werden, aber es ist ihm immer Respekt und Achtung entgegenzubringen. Die Spielregeln des Streitens können Sie nicht mitten in der Auseinandersetzung abmachen. Die müssen schon vorher klar sein. Wir planen so vieles im Leben – warum nicht auch den Streit?

Wer macht was im Haushalt?

Umfragen zeigen: Männer leisten im Durchschnitt pro Woche 7,2 Stunden Hausarbeit. Die Frauen schlagen sie in dieser Domäne auch im 21. Jahrhundert immer noch deutlich mit 20,4 Stunden.

Haben Sie abgemacht, dass beide Haushaltsarbeiten übernehmen? Der Fragebogen auf der nächsten Seite soll Ihnen helfen zu definieren, was Sie beide unter Haushaltsarbeit verstehen, und Ihre Arbeitsbelastung realistisch einzuschätzen. Füllen Sie den Fragebogen am besten unabhängig voneinander aus und vergleichen Sie die Resultate.

Sind Sie beide berufstätig und haben wenig Lust, Samstag für Samstag im Haushalt zu werkeln? Dann leisten Sie sich eine Putzfrau. Für einen durchschnittlichen Zweipersonenhaushalt kostet das 300 bis 400 Franken pro Monat, wenn Ihre Perle zum Beispiel wöchentlich drei Stunden putzt. Achten Sie darauf, dass Ihre Putzfrau eine Arbeitsbewilligung hat, schliessen Sie einen Arbeitsvertrag ab und melden Sie Ihre Angestellte bei der AHV an. Seit Januar 2008 gibt es für Putzhilfen keine Freibeträge mehr bei der AHV.

Mann und Frau sind gleichberechtigt

Im Gesetz finden Sie sozusagen den rechtlichen Knigge fürs Eheleben. Der Leitgedanke: Mann und Frau sind gleichberechtigte Ehepartner. Einzig beim Bürgerrecht und beim Familiennamen hat der

Den wöchentlichen Arbeitsaufwand im Haushalt bestimmen

Arbeitsaufwand in Minuten für	Ehefrau	Ehemann
Einkaufen		
Kochen		
Abwaschen und Küche aufräumen		
Wohnung aufräumen und putzen		
Waschen		
Bügeln		
Handwerkliches, Handarbeiten		
Müll, Glas, Metall, Kompost entsorgen		
Haustiere betreuen		
Pflanzen pflegen, Gartenarbeiten		
Weitere Arbeiten in Ihrem Haushalt		
Aufwand pro Woche total		

Gesetzgeber es noch nicht ganz geschafft, verfassungskonforme Bestimmungen zu erlassen. Ansonsten haben Ehefrau und Ehemann die gleichen Rechte und Pflichten.

Eigene Spielregeln aufstellen Dass das Gesetz den Eheleuten gleiche Rechte und Pflichten zuteilt, bedeutet aber nicht, dass nun beide punkto Kindererziehung, Haushalt und Geldverdienen je einen 50-Prozent-Job machen müssen. Das gäbe ja auch nur halbe Sachen! Wie Sie sich organisieren, ist Ihnen überlassen. Wichtig ist, dass Sie beide zusammen die Spielregeln aufstellen und diese, wenn sich die Lebensumstände ändern, auch wieder anpassen. Beim Aufstellen von Regeln ist man aber oft froh über grobe Leitplanken; diese finden Sie in den Artikeln 159 bis 170 ZGB.

Das Leitprogramm der Ehe

Die Ehe lässt sich definieren als umfassende, auf Dauer ausgerichtete Lebensgemeinschaft zwischen Mann und Frau, und zwar in dreifacher Hinsicht: seelisch-geistig, sexuell und wirtschaftlich.

Bei der standesamtlichen Trauung von Nicole G. und Samer Y. liest der Zivilstandsbeamte dem Brautpaar Artikel 159 ZGB vor, denn darin sei das Rezept für eine erfolgreiche Ehe enthalten:

1 Durch die Trauung werden die Ehegatten zur ehelichen Gemeinschaft verbunden.

2 Sie verpflichten sich gegenseitig, das Wohl der Gemeinschaft in einträchtigem Zusammenwirken zu wahren und für die Kinder gemeinsam zu sorgen.

3 Sie schulden einander Treue und Beistand.

Tatsächlich basiert das ganze Eherecht auf den beiden in diesem Artikel enthaltenden Grundregeln: einträchtig zum Wohl der Gemeinschaft zusammenwirken und sich Treue und Beistand leisten. Das tönt simpel. Was aber heisst es im Alltag?

Am gleichen Strick ziehen Alle für die Familie wichtigen Entscheidungen müssen Sie gemeinsam fällen. Jede Seite muss die Wünsche und Bedürfnisse der andern respektieren und auch mal einen Kompromiss eingehen.

Michael S. würde sehr gerne das Angebot seines Chefs annehmen, eine Filiale in Singapur aufzubauen. Seine Frau Silvia befürchtet, dass sie das feuchtwarme Klima dort nicht verträgt, und möchte auch den Kindern keinen Schulwechsel zumuten. Die Eheleute entscheiden, in der Schweiz zu bleiben. Die Gesundheit seiner Frau und das Wohl der Kinder ist Michael wichtiger als die berufliche Herausforderung.

Christoph O. verdient gut, ist in seinem Beruf aber total unglücklich. Er möchte deshalb eine zweijährige Umschulung machen. Er und seine Frau Noemi beschliessen, sich vorübergehend einzuschränken, damit Christoph seinen Traumberuf erlernen kann.

Sabine N. möchte Kinder. Sandor hat noch gar nicht darüber nachgedacht. In vielen Gesprächen kommen beide zum Schluss, dass sie jetzt Eltern werden wollen und Frau N. die Pille absetzt.

Gemeinsame Verantwortung für die Kinder Für die Kinder zu sorgen und sie zu erziehen, ist die gemeinsame Aufgabe von Mutter und Vater. Bis 1988 schob das Gesetz noch der Ehefrau die Hauptverantwortung für Haushalt und Kindererziehung zu. Heute wird der Vater nicht mehr auf die Rolle des Ernährers reduziert. Trotzdem ist es in den meisten Familien immer noch so, dass der Vater mehrheitlich einer Erwerbstätigkeit nachgeht und die Mutter sich zur Hauptsache um die Kinder kümmert. Mit gemeinsamer Erziehungsverantwortung ist auch nicht gemeint, dass jeder Elternteil gleich viel Zeit mit den Kindern verbringen muss. Mutter und Vater sollen sich aber über ihre Erziehungsmethoden absprechen und wichtige Entscheide für die Kinder gemeinsam fällen.

An der Familien-Hotline des Beobachter hört man oft Sätze wie: «Ich war halt nur Hausfrau», oder: «Ich habe mich halt nur um die Kinder und den Haushalt gekümmert.» Was heisst da nur! Den Haushalt zu managen und die Kinder zu betreuen, das ist ein Fulltime-Job. Und das Gesetz wertet diese Aufgaben als gleichwertige Beiträge an den Unterhalt der Familie wie die Geldzahlungen aus dem Einkommen oder Vermögen. Wer also bei Ihnen das Geld nach Hause bringt, leistet nicht mehr oder Besseres als die Hausfrau bzw. der Hausmann.

Treu sein Ein Seitensprung ist schon lange nicht mehr strafbar und heute auch kein rechtlich relevanter Scheidungsgrund mehr. Trotzdem versteht das Eherecht unter Treue nach wie vor, dass die Eheleute monogam leben. Diese Verpflichtung lässt sich aber nur freiwillig erfüllen. Und selbstverständlich müssen Sie dieses gesetzliche Signal nicht beachten, wenn Sie lieber eine «freie Ehe» führen. Oscarpreisträgerin Tilda Swinton zum Beispiel soll laut der Regenbogenpresse mit Ehemann und Lover ganz glücklich sein – und die beiden ebenfalls.

Treu sein heisst auch loyal sein. Wer den Partner zum Beispiel vor seinen Freunden rüffelt oder Privates ausplaudert, verletzt die ehelichen Pflichten. Eheliche Treue meint zudem Rücksichtnahme. Aus diesem Grund haben Ehepartner vor Gericht ein Zeugnisverweigerungsrecht. Auch bei der Ausübung des Berufs oder einer selbständigen Erwerbstätigkeit fordert das Eherecht Rücksichtnahme auf die Familie. So muss der Familienvater unter Umständen den Traum vom eigenen Geschäft auf einen späteren Zeitpunkt verschieben, wenn die Familie auf seinen geregelten Lohn angewiesen ist.

Beistand leisten Bei der kirchlichen Hochzeit verspricht sich das Brautpaar, in guten wie in schlechten Zeiten zusammenzustehen. Nichts anderes meint das ZGB mit «Beistand leisten». Konkret darf jeder Ehepartner vom andern einerseits Rat und aktive Unterstützung in Lebenskrisen erwarten. Anderseits gehört auch finanzielle Hilfe dazu. Diese finanzielle Beistandspflicht besteht auch, wenn Sie im Ehevertrag die Gütertrennung vereinbart haben. Reichen zum Beispiel die Mittel Ihres Partners, Ihrer Partnerin nicht aus, um den Aufenthalt im Pflegeheim zu bezahlen, müssen Sie – soweit zumutbar – mit Ihrem Einkommen und Vermögen aushelfen.

Tim V. wird arbeitslos. Die Arbeitslosenkasse zahlt 80 Prozent seines bisherigen Lohnes. Seine Ehefrau steuert nun mehr von ihrem Einkommen an die gemeinsamen Haushaltskosten bei, damit Tim weiterhin die Alimente für seine Kinder aus erster Ehe bezahlen kann.
Sonja W., Hausfrau, ist in eine hässliche Erbstreitigkeit verwickelt. Da sie keine eigenen Mittel hat, übernimmt ihr finanzkräftiger Ehemann vorläufig die Anwaltskosten. Frau W. zahlt diesen Vorschuss zurück, sobald sie ihr Erbe erhalten hat.
Sandro C.s betagte Mutter kann nicht mehr alleine wohnen. Da sie erst in drei Monaten Platz im Altersheim hat, nehmen Sandro und seine Frau sie vorübergehend bei sich auf.

Ein Ehepaar – zwei Persönlichkeiten In der Rechtsgemeinschaft Ehe muss sich keiner für den andern aufopfern. Die Treue- und Bestandspflicht geht nur so weit, wie Hilfeleistungen zumutbar sind. Wo die Grenze liegt, lässt sich allgemein kaum definieren. Es kommt immer auf den Einzelfall an. Kein Ehegatte muss zum Beispiel seine ganze Altersvorsorge für den andern opfern und niemand ist verpflichtet, den Ehemann, die Frau Tag und Nacht zu pflegen.

Ihre Persönlichkeitsrechte geben Sie also beim Standesamt nicht ab. Insbesondere bestimmen Sie auch weiterhin allein über medizinische Eingriffe an Ihrem Körper oder über eine Heilbehandlung. Zwar beschliessen Mann und Frau gemeinsam, ob sie Kinder wollen oder verhüten. Letztlich entscheidet die Frau aber selbständig, ob sie die Pille nimmt, und nur der Mann kann gültig in seine Sterilisation einwilligen. Für eine künstliche Befruchtung verlangt das Gesetz über die medizinische Fortpflanzung die Zustimmung beider Eheleute.

Auch religiöse Fragen wie den Austritt aus der Kirche oder den Beitritt zu einer andern Glaubensgemeinschaft entscheidet jeder von Ihnen für sich. Einschränkungen in Ihrer persönlichen Entfaltung müssen Sie sich aber immer dann gefallen lassen, wenn dies aus Rücksicht auf Ihren Partner, Ihre Partnerin geboten ist: zum Beispiel bei der Wahl der Familienwohnung, bei der Aufgabe der Arbeitsstelle oder bei einem Berufswechsel.

Der Richter kann nicht alles richten

Die meisten ehelichen Pflichten – etwa loyal sein oder Rücksicht nehmen – lassen sich nur freiwillig erfüllen. Zwar kann man sich im Konfliktfall ans Eheschutzgericht wenden. Doch die Richterin kann Verheiratete zwar an ihre Pflichten ermahnen, sie kann aber diese Mahnung nicht mit einer Sanktion, zum Beispiel einer Busse, verbinden. Gibt die Ehefrau ihre ehewidrige Beziehung zum Fitnesstrainer trotz richterlicher Ermahnung nicht auf oder kehrt der Ehemann nicht in die Familienwohnung zurück, ist nichts zu machen. Der andere Ehegatte muss dann selber entscheiden, ob und wie er auf die Pflichtverletzung reagiert. Vom Eheschutzgericht kann man Streitfragen rund ums Haushaltsbudget entscheiden lassen, die Auflösung des gemeinsamen Haushalts und die Regelung des Getrenntlebens verlangen.

Ans Eheschutzgericht können Sie sich – allein oder zu zweit – jederzeit wenden, wenn Sie eine richterliche Ermahnung, eine Vermittlung oder Schutzmassnahmen wünschen. Den Gang vors Gericht empfinden aber viele als unangenehm. Manche fühlen sich gar als Angeklagte. Sie sorgen also sicher nicht für gute Stimmung, wenn Sie Ihrer Ehefrau, Ihrem Mann eine Vorladung vom Gericht präsentieren lassen. Es muss ja auch nicht immer oder nicht sofort das Gericht sein. Fachpersonen bei einer Familien- oder Budgetberatungsstelle können hilfreiche Unterstützung leisten, wenn in Ihrer Ehe etwas schiefläuft. Je früher Sie solche Angebote nutzen, desto besser. Mehr dazu lesen Sie im Kapitel «Spezielle Lebenssituationen meistern» (Seite 157).

Rechtsgeschäfte von Eheleuten

Zwar sind Sie und Ihr Partner, Ihre Partnerin durch die Heirat eine Gemeinschaft geworden. Das ändert aber nichts daran, dass beide Seiten allein und selbständig Verträge abschliessen und Verpflichtungen eingehen können. Und entgegen einem weit verbreiteten Irrglauben führen nur bestimmte Rechtsgeschäfte des einen Ehegatten zur solidarischen Haftung des andern.

Wer handlungsfähig ist, kann selber gültig Rechtsgeschäfte abschliessen. In der Regel sind Sie und Ihr Partner, Ihre Partnerin allein handlungsfähig. Nur in folgenden Fällen brauchen Sie gegenseitig die Zustimmung:

- Bei Rechtsgeschäften über die **Familienwohnung**, also bei einem Verkauf, einer Schenkung, der Begründung eines Wohnrechts, aber auch bei Vermietung oder Untervermietung. Dabei spielt es keine Rolle, wem die Wohnung gehört oder wer sie gemietet hat.
- Wenn Sie eine **Bürgschaft** eingehen
- Wenn Sie Ihr **Pensionskassenguthaben** beziehen wollen, zum Beispiel für Wohneigentum, den Aufbau einer eigenen Firma oder beim Kapitalbezug anlässlich der Pensionierung
- Für die Veräusserung des eigenen Anteils an **Miteigentum**, zum Beispiel an der gemeinsamen Ferienwohnung oder am Auto
- Für den Verkauf eines **landwirtschaftlichen Gewerbes**, wenn Sie es gemeinsam bewirtschaften

Seit Inkrafttreten des Konsumkreditgesetzes brauchen Sie keine Zustimmung Ihres Ehemanns, Ihrer Frau mehr, wenn Sie «Verträge auf Pump abschliessen», zum Beispiel einen Abzahlungs-, Leasing- oder Kreditkartenvertrag. Sie haften aber auch ganz allein für die Verpflichtungen aus einem solchen Vertrag.

Verträge mit dem Ehepartner

Eheleute können auch untereinander Verträge abschliessen. Die Frau kann zum Beispiel ihrem Mann ein Darlehen gewähren, er kann ihr sein Auto schenken oder die Vermögensverwaltung anvertrauen.

Eine Besonderheit gilt für alle Verträge unter Eheleuten: Die Verjährung steht während der Ehe still. Solange Sie verheiratet sind, spielt es also keine Rolle, wann Sie von Ihrem Partner, Ihrer Partnerin die Erfüllung der vertraglichen Pflichten einfordern. Sie können zum Beispiel auch nach 20 Jahren eine geliehene Geldsumme eintreiben – obwohl die Verjährungsfrist ansonsten zehn Jahre beträgt. Es ist auch nicht verboten, den Ehepartner während der Ehe für seine Schulden zu betreiben. Würde allerdings das Wohl der Familie gefährdet, kann der Schuldner beim Eheschutzgericht vorübergehend eine Stundung verlangen.

Achtung: Verträge über das eheliche Vermögen sind nur im Rahmen des ehelichen Güterrechts möglich. Eheleute können also nur zwischen der Errungenschaftsbeteiligung, der Gütertrennung und der Gütergemeinschaft wählen (siehe Seite 69). Eigenkreationen sind ungültig. Mehr zum Ehevertrag finden Sie auf Seite 70.

Die eheliche Gemeinschaft vertreten

Grundsätzlich müssen Sie für vertragliche Verpflichtungen Ihrer Ehefrau, Ihres Mannes nicht einstehen. Sonderregeln gelten, wenn es um die Bedürfnisse der Familie geht. Für solche Geschäfte haben Eheleute eine sogenannte Vertretungsbefugnis; beide werden durch die Handlungen des einen zusammen berechtigt und solidarisch verpflichtet. Spürbare Auswirkungen hat die solidarische Verpflichtung

Solidarhaftung

Solidarisch haften heisst, dass jeder Ehegatte einzeln für die ganze ausstehende Schuld belangt werden kann. Die Gläubigerin kann sich aussuchen, von wem sie die Ausstände fordert. Sie darf die Schuld auf Mann und Frau aufteilen, kann sich aber auch einfach an den zahlungskräftigeren Ehepartner halten. Abmachungen unter den Eheleuten können der Gläubigerin völlig egal sein. Auch die Gütertrennung hat keinen Einfluss auf die Solidarhaftung.

der Eheleute nur bei Geschäften, die nicht sofort bezahlt werden, zum Beispiel bei der Arztrechnung oder bei laufenden Ausgaben wie den Krankenkassenprämien.

Laufende Bedürfnisse der Familie Für die laufenden Bedürfnisse der Familie kann jeder Ehegatte den andern solidarisch verpflichten. Darunter fallen die notwendigen und üblichen Rechtsgeschäfte für den täglichen Unterhalt der Familie; Beispiele:

- Lebensmittel, Kleidung oder kleinere Haushaltswaren
- kleinere Reparaturen
- die üblichen Auslagen für die Gesundheit wie die Prämien und die Franchise der Krankenkasse

Ob auch die Mietzinsen für die Familienwohnung zu den laufenden Bedürfnissen gehören, ist unter Juristen umstritten.

Sobald sich ein Ehepaar trennt, gelten die Sonderregeln für die Vertretung der ehelichen Gemeinschaft automatisch nicht mehr. Bleibt der Ehemann zum Beispiel die Prämien schuldig, kann die Krankenkasse seine getrennt lebende Frau nicht belangen.

Nicht alltägliche Bedürfnisse der Familie Zu den nicht alltäglichen Bedürfnissen gehört zum Beispiel: die Heizung reparieren lassen, eine Ferienreise für die Familie buchen, ein Familienauto kaufen oder leasen. In diesem Bereich wird ein Ehegatte durch die Handlung des andern nur in folgenden Fällen mitverpflichtet:

— Wenn er den andern zum Geschäft ermächtigt hat
— Wenn er den andern zwar nicht ermächtigt hat, aber das Gericht die fehlende Ermächtigung erteilt
— wenn dringend gehandelt werden muss, eine Seite aber vorübergehend nicht erreichbar oder nicht ansprechbar ist (zum Beispiel wegen Krankheit oder Abwesenheit)

Reto B. ist knauserig und weigert sich, die defekte Heizung reparieren zu lassen. Der Eheschutzrichter erlaubt seiner Frau Priska, die nötigen Rechtsgeschäfte für eine Sanierung der Heizungsanlage abzuschliessen. Die Argumente des Ehemanns, die alte Heizung schaffe es ja immer noch, die Wohnräume auf 17 Grad zu erwärmen, und man könne sich schliesslich auch drinnen warm anziehen, haben nicht überzeugt.
Jutta F. ist in den Ferien und für einige Tage nicht erreichbar. Nach heftigen Regengüssen hat eine Rüfe die Wohnungstüre der Ferienwohnung der Familie eingedrückt. Um weiteren Schaden abzuwenden, muss und darf Ehemann Pius die nötigen Reparaturarbeiten in Auftrag geben.

Entzug der Vertretungsbefugnis Manchmal kann ein Ehegatte mit der Befugnis, die eheliche Gemeinschaft zu vertreten, nicht vernünftig umgehen. Dann kann das Gericht ihm diese Befugnis auf Antrag der andern Seite entziehen.

Gina I. bestellt haufenweise Kleider aus Versandkatalogen, die sie dann doch nicht trägt. Da Kleider zu den «laufenden Bedürfnissen gehören, ist auch ihr Ehemann Gregor von diesen Käufen betroffen. Er macht mit Gina ab, dass sie in Zukunft Bestellungen mit ihm abzusprechen hat. Als sie sich nicht an diese Abmachung hält, lässt er ihr vom Eheschutzgericht die Vertretungsbefugnis entziehen. Sobald Herr I. den Versandfirmen das Urteil zugestellt hat, muss er nicht mehr für die Rechnungen aufkommen, wenn seine Frau sie nicht bezahlt.

Keine Angst vor Schulden des Partners

Muss ich für Schulden geradestehen, die mein Mann, meine Frau mit in die Ehe gebracht hat? Und was ist, wenn er oder sie später einmal mit dem Geld nicht zurechtkommt? Diese Fragen stellen sich viele Verheiratete.

Normalfall: keine Haftung Für Schulden aus der Zeit vor der Ehe gibt es keine gemeinsame Haftung. Die Gläubiger der Ehefrau können also nach der Heirat nicht plötzlich auch den Ehemann belangen. Indirekt sind Sie aber natürlich schon betroffen, wenn Ihr Partner, Ihre Partnerin für Schulden betrieben wird und es zu einer Lohnpfändung kommt (mehr dazu auf Seite 155).

Auch während der Ehe müssen Sie kaum je damit rechnen, Schulden Ihrer «besseren Hälfte» übernehmen zu müssen. Die einzige Ausnahme: Rechnungen für die laufenden Bedürfnisse der Familie, zum Beispiel die Monatsrechnung für online eingekaufte Lebensmittel (siehe Seite 53). Wenn es sich um persönliche Bedürfnisse einer Seite handelt, entsteht keine solidarische Haftung. Das teure Tourenrad muss der Ehemann selber zahlen und seine Vertragspartner können sich nicht an seine Frau wenden. Auch die Kreditraten der Ehefrau kann das Finanzinstitut nicht beim Mann eintreiben – ausser natürlich, wenn er den Vertrag mitunterschrieben hat.

Sonderregeln bei den Steuern Die Eheleute haften grundsätzlich solidarisch für den gesamten Steuerbetrag. Dies gilt auch bei einer Gütertrennung. Immerhin reduzieren einzelne Kantone die Haftung auf den Steueranteil, der dem eigenen Einkommen und Vermögen entspricht, wenn der andere Ehegatte offensichtlich zahlungsunfähig ist.

Vollmacht für die Ehepartnerin

Bei den meisten Rechtsgeschäften kann man sich durch eine andere Person vertreten lassen. Diese Person nennt man rechtlich Stellvertreter. Die Rechtswirkungen entstehen dabei nur zwischen der vertretenen Person und dem Vertragspartner. Der Stellvertreter wird persönlich weder berechtigt noch verpflichtet. Diese Regeln gelten auch für Eheleute.

Mara A. bittet Ehemann Simon, ihr Rennvelo zur Reparatur zu bringen. Die Rechnung muss sie selber bezahlen.

Die Vollmacht Damit man als Stellvertreter handeln kann, braucht es eine Vollmacht. Ob Sie ein Schriftstück benötigen oder ob eine mündliche Vollmacht ausreicht, hängt vom Gutdünken des Vertragspartners ab. Banken bestehen sogar darauf, dass ihre hauseigenen Formulare verwendet werden. Die einmal erteilte Vollmacht kann man jederzeit widerrufen. Ist nicht ausdrücklich das Gegenteil vereinbart, wird die Vollmacht zudem ungültig, wenn der Vollmachtgeber handlungsunfähig wird oder stirbt.

Unterschieden wird zwischen der Spezial- und der Generalvollmacht (Muster im Anhang). Bei der Spezialvollmacht kann der Stellvertreter nur für die darin aufgeführten Rechtsgeschäfte handeln. Bei der Generalvollmacht darf er alle Rechtsgeschäfte tätigen, ausgenommen sind nur die absolut höchstpersönlichen Rechte. Das Jawort auf dem Standesamt zum Beispiel ist ein solches absolut höchstpersönliches Recht, bei dem sich kein Mensch gültig vertreten lassen kann.

Um eine Spezialvollmacht handelt es sich zum Beispiel, wenn Verheiratete erzählen, sie hätten «das Bankkärtli vom Mann» oder «die Unterschrift auf dem Konto der Frau».

Achtung: Auch wenn auf der Bankvollmacht steht, dass sie über den Tod hinaus gilt, sperrt die Bank in der Regel das Konto, wenn sie vom Tod ihres Kunden erfährt. Die Sperrung wird erst aufgehoben, wenn Sie einen Erbschein und das Einverständnis aller darauf aufgeführten Personen vorlegen. Das kann mehrere Wochen dauern. Um in einer solchen Situation Engpässe zu vermeiden, ist ein eigenes Konto für jeden Ehepartner ratsam. Nicht gesperrt werden nur gemeinsame Und/oder-Konten mit Erbenausschlussklausel.

Ob Sie weitere Vollmachten brauchen, hängt von Ihren individuellen Bedürfnissen und Verhältnissen ab. Möchten Sie für den Notfall vorsorgen, ist eine Generalvollmacht sinnvoll.

Susan M. hat ihre Freundin für ein ausstehendes Darlehen betrieben. Weil die Freundin Rechtsvorschlag erhoben hat, muss Frau M. vor Gericht. Mit einer schriftlichen Spezial- oder Generalvollmacht kann ihr Ehemann sie vor Gericht vertreten.

Tinka R. ist nach einem Unfall monatelang nicht ansprechbar. Als ein Mieter in Frau R.s Mehrfamilienhaus die Miete nicht mehr bezahlt, kann Ehemann Walter dank der Generalvollmacht seiner Frau die nötigen rechtlichen Schritte einleiten. Ohne Vollmacht hätte Herr R. die Vormundschaftsbehörde einschalten müssen.

Das Vermögen des Ehepartners verwalten Die Heirat ändert in der Regel nichts an der Vermögensverwaltung von Mann und Frau – jede Seite verwaltet ihr Vermögen wie bisher selber (Ausnahme: die seltene Gütergemeinschaft, siehe Seite 90). Die Heirat verschafft also dem einen Ehegatten nicht plötzlich Zugriff auf die Bankkonten des andern.

Jede Seite kann aber der andern die Verwaltung ihres Vermögens anvertrauen. Dann gilt das Auftragsrecht. Überlässt zum Beispiel die Frau ihrem Mann die Vermögensverwaltung, muss er als Beauftragter das Vermögen sorgfältig verwalten und die Weisungen der Auftraggeberin befolgen. Wünscht sie auf keinen Fall den Verkauf ihrer Aktien, muss sich der Vermögensverwalter daran halten. Für unsorgfältiges Handeln schuldet er Schadenersatz. Hat er Auslagen, muss die Auftraggeberin diese übernehmen. Ein Honorar ist aber nur geschuldet, wenn das so abgemacht wurde.

Paul E. kümmert sich um die Verwaltung des Wertschriftendepots seiner Frau Meret. Die damit verbundenen Bankspesen gehen allein zulasten von Frau E.

Selbstverständlich kann Frau E. das Verwaltungsmandat ihres Mannes jederzeit kündigen und / oder seine Unterschriftsberechtigung für ihre Bankkonten und Depots löschen lassen. Der Auftrag zur Vermögensverwaltung erlischt zudem mit dem Tod oder wenn die Auftraggeberin urteilsunfähig wird – ausser, auf der Vollmachtsurkunde ist das Gegenteil vermerkt. Die Erben können allerdings auch eine über den Tod hinaus geltende Vollmacht jederzeit widerrufen.

Gemeinsame Bankkonten?

Ob Sie und Ihr Mann, Ihre Frau Ihr Vermögen ganz oder teilweise auf dem gleichen Bankkonto deponieren wollen, ist Geschmackssache. Wichtig ist aber, dass Sie die rechtlichen Konsequenzen kennen. Gemeinsame Bankkonten werden beim Tod eines Ehegatten gesperrt. Ausnahmen gelten nur beim sogenannten Und/oder-Konto mit Erbenausschlussklausel. Und auch wenn das gemeinsame Bankkonto im Todesfall nicht gesperrt wird, heisst das nicht, dass allfällige Miterben davon erbrechtlich ausgeschlossen sind.

Marco T. hat sein geerbtes Geld auf dem gemeinsamen Konto deponiert. Bei seinem Tod können seine Kinder aus erster Ehe die Hälfte davon beanspruchen, auch wenn die Stiefmutter das Geld bereits abgehoben hat.

Bei einem gemeinsamen Konto ist es in der Regel schwierig bis unmöglich, die Anteile von Frau und Mann nachzuweisen, wenn beide darauf einzahlen und Geld abheben. Das ist wie, wenn Sie Wasser aus verschiedenen Quellen in einen Krug füllen. Da lässt sich nachher auch nicht mehr feststellen, aus welcher Quelle was stammt. Können Sie im Streitfall – sei es untereinander oder mit den Miterben – nichts anderes nachweisen, wird angenommen, das Konto gehöre Mann und Frau je zur Hälfte (Miteigentum, zu den Konsequenzen siehe Seite 75).

Die Finanzen

Von Luft und Liebe allein kann niemand leben. Das Geld ist und bleibt ein zentraler Aspekt in jeder Beziehung. Eheleute werden auch rechtlich zu einer Wirtschaftsgemeinschaft verbunden.

Für das Wohlergehen dieser Gemeinschaft sind beide zusammen verantwortlich. Da haben Geheimnisse über die eigenen Einkommens- und Vermögensverhältnisse keinen Platz.

Gegenseitig Auskunft geben

Wissen Sie, wie viel Ihr Ehemann verdient, was Ihre Frau auf der hohen Kante hat oder ob Schulden da sind? In den meisten Ehen ist das selbstverständlich. Wenn nicht, dürfen Sie jederzeit Auskunft verlangen. Wenn Sie sich nicht auf mündliche Angaben verlassen möchten, dürfen Sie auch Einsicht in Belege wie den Kontoauszug oder den Lohnausweis verlangen. Verweigert Ihr Mann, Ihre Frau die Auskunft, können Sie sich ans Eheschutzgericht wenden. Dieses wird den Ehegatten zur Auskunftserteilung verpflichten oder, falls nötig, direkt bei Banken, beim Arbeitgeber oder andern Drittpersonen Auskunft einholen.

Liegt die Anweisung des Gerichts vor, kann sich die Bank nicht mehr auf das Bankgeheimnis berufen. Ohne gerichtliche Anweisungen dürfen Ihnen Banken oder auch der Arbeitgeber aber keine Auskunft erteilen, sonst verletzen sie das Datenschutzgesetz. Keine Auskunftspflicht trifft Personen, die dem Berufsgeheimnis unterstehen, also Pfarrer, Ärztinnen, Rechtsanwälte und Notarinnen sowie ihre Hilfspersonen. Hat zum Beispiel die Ehefrau dem Pfarrer anvertraut, dass sie Schulden hat, oder dem Anwalt von ihrem Schwarzgeld erzählt, dürfen diese dem Ehemann darüber keine Auskunft erteilen.

Der Unterhalt für die Familie

Die Ehegatten sorgen gemeinsam, ein jeder nach seinen Kräften, für den gebührenden Unterhalt der Familie. So steht es im Gesetz. Der gebührende Unterhalt umfasst im Minimum den notwendigen Lebensunterhalt der Familie. Dazu gehören:

- die Wohnkosten wie Miet- oder Hypothekarzinsen
- die Gesundheitskosten wie die Krankenkassenprämien oder die Franchise
- die üblichen Versicherungen
- die Kosten für Ernährung und Kleider
- beruflich notwendige Auslagen wie auswärtige Verpflegung und Transportkosten
- die Steuern

Lassen die Finanzen es zu, gehören weitere Budgetposten zum gebührenden Unterhalt, zum Beispiel: ein Taschengeld für Frau und Mann; zusätzlich zum Taschengeld ein Betrag zur freien Verfügung für den Ehegatten ohne eigenes Einkommen; die Kosten von Ferien, Auto, Putzfrau, Weiterbildung, Freizeitaktivitäten und Kulturellem.

Für den Unterhalt besorgt sein heisst: Geldzahlungen leisten, den Haushalt besorgen, die Kinder betreuen oder im Geschäft des Ehepartners mithelfen. Ein jeder nach seinen Kräften bedeutet, dass jede Seite den Beitrag leisten soll, zu dem sie imstande ist. Dabei sind nicht nur die finanziellen Verhältnisse von Bedeutung. Die Eheleute sollen auch gegenseitig Rücksicht nehmen auf persönliche Neigungen und Fähigkeiten.

Einigen Sie sich Wer wie viel von seinen Einkünften an die Haushaltskosten beiträgt, wer was im Haushalt macht oder wie häufig die Kinder betreut, das müssen Sie selber festlegen. Der Gesetzgeber schwatzt Ihnen nicht in Ihre Rollenverteilung rein. Können Sie sich nicht einigen, wer welche Aufgaben übernimmt, kann das Gericht nur ermahnen oder vermitteln. Einen Befehl, mehr Hausarbeit zu übernehmen oder sich vermehrt um die Kinder zu kümmern, kann es nicht aussprechen. Verbindlich festlegen kann das Gericht aber, was zum Haushaltsbudget gehört und wie hohe Geldbeiträge jede Seite von ihrem Einkommen und allenfalls auch vom Vermögen daran zu leisten hat.

Ehetypen Alles ist möglich! Sie sind in Ihrer Aufgabenverteilung völlig frei. In der Praxis gibt es vier Haupttypen: die Doppelverdiener-, die Zuverdienst-, die Mitverdienst- und die Hausgattenehe.

Am häufigsten kommt die **Doppelverdienerehe** bei kinderlosen Ehepaaren vor. Verfügen beide Seiten über eigenes Einkommen und engagieren sich beide gleich stark im Haushalt, ist es meist angemessen, wenn beide im Verhältnis ihrer Einkommen an die Kosten des Unterhalts beitragen.

Vanja J. verdient 5000 Franken, ihr Mann Beat 6000 Franken netto. Frau J. übernimmt $^{5}/_{11}$ und Herr J. $^{6}/_{11}$ der Haushaltskosten.

Bei der **Hausgattenehe** kümmert sich eine Seite ausschliesslich um den Haushalt und die Kinder. Deshalb muss die andere mit ihrem Einkommen allein für die Haushaltskosten aufkommen. Dazu gehören auch das Taschengeld und – wenn die Finanzen es zulassen – ein angemessener Betrag zur freien Verfügung für den Hausgatten.

Bei der **Zuverdienstehe** arbeitet zum Beispiel der Ehemann voll, die Ehefrau Teilzeit. Bei der **Mitverdienstehe** hilft die Ehefrau voll oder in Teilzeit im Geschäft ihres Mannes mit. Häufig kümmert sich bei dieser Rollenverteilung die Teilzeit berufstätige Ehepartnerin hauptsächlich um den Haushalt und die Kinder. Die Haushaltskosten können auch bei diesem Typus proportional zu den Einkommen auf die Eheleute verteilt werden. Dabei sollte aber der grössere Anteil an der Familienarbeit mit einem Abzug berücksichtigt werden. Denkbar ist auch, im Familienbudget einen Stundenlohn für Haushalt und Kinderbetreuung einzusetzen.

Anna H. kümmert sich allein um den Haushalt und verdient daneben 2000 Franken. Ihr Mann Marc arbeitet voll und bringt 5000 Franken nach Hause. Die beiden vereinbaren, dass Anna $^{2}/_{7}$ und Marc $^{5}/_{7}$ der Haushaltskosten übernimmt. Frau H.s monatliche Arbeiten im Haushalt veranschlagen sie auf ca. 30 Stunden à 25 Franken, also 750 Franken. Weil Marc H. noch so froh ist, dass er mit der ganzen Hausarbeit nichts zu tun hat, machen sie ab, dass seine Frau die ganzen 750 Franken von ihrem Beitrag abziehen kann.

Taschengeld und Betrag zur freien Verfügung Zum gebührenden Unterhalt der Familie gehört auch ein Taschengeld. Wie hoch das sein soll, hängt von der finanziellen Situation des Ehepaars ab. In bescheidenen Verhältnissen sind es etwa 100 Franken pro Monat.

In der Hausgatten-, der Zuverdienst- und der Mitverdienstehe hat die Seite, die zur Hauptsache die Kinder betreut und den Haushalt macht, zusätzlich zum Taschengeld Anspruch auf einen angemessenen Betrag zur freien Verfügung. Angemessen heisst: Beide Eheleute sollen ungefähr über den gleichen finanziellen Spielraum für ihre persönlichen Bedürfnisse verfügen. Die Höhe des Betrags hängt vom Lebensstandard ab. Bei kleineren und mittleren Einkommen bleibt dafür häufig gar nichts übrig. Dann muss der Hauptverdienende nur ein Taschengeld bezahlen. Bleibt aber vom Verdienst nach Abzug der Haushaltskosten inklusive eines Sparbetrags etwas übrig, sollte dieser Rest bei durchschnittlichen Einkommen halbiert werden. Bei sehr hohen Einkommen rechtfertigt es sich dagegen nicht mehr, den Freibetrag einfach hälftig unter die Ehegatten zu verteilen.

Mats G. verdient 8000 Franken pro Monat, seine Frau Laura kümmert sich um den Haushalt. Nach Abzug der Haushaltskosten und einer Sparsumme bleiben 1000 Franken übrig. Mats überweist seiner Frau die Hälfte davon zu ihrer eigenen Verfügung.

Wie Sie Ihr Taschengeld und den Betrag zur freien Verfügung verwenden, ist Ihre Sache. Anders als beim Haushaltsgeld müssen Sie Ihrer Partnerin, Ihrem Partner darüber keine Rechenschaft ablegen.

Entschädigung für ausserordentliche Leistungen Arbeitet ein Ehegatte im Geschäft des andern mit und leistet er dabei deutlich mehr, als für seinen Beitrag an den Familienunterhalt nötig wäre, hat er Anspruch auf eine besondere Entschädigung. Dies gilt allerdings nur, wenn kein Arbeits- oder Gesellschaftsvertrag vorliegt. Mit dem Arbeitsvertrag erhält der mitarbeitende Ehegatte ja einen Lohn und als Gesellschafter ist er am Gewinn beteiligt. Eine solche Entschädigung zugut hat zum Beispiel die Ehefrau, die neben dem Haushalt und der Kinderbetreuung noch die Buchhaltung für den Betrieb ihres Mannes erledigt, obwohl er sich einen Buchhalter leisten könnte.

Eine angemessene Entschädigung fordern kann auch der Ehegatte, der aus seinem Einkommen oder Vermögen bedeutend mehr an den Familienunterhalt beigetragen hat, als es seine Pflicht war.

Florian und Isabelle W. verdienen etwa gleich viel. Sie haben abgemacht, sich die Haushaltskosten hälftig zu teilen. Weil Isabelle aber mit ihrem Geld nicht vernünftig umgehen kann, ist ihr Mann gezwungen, immer wieder erheblich mehr als die Hälfte der Ausgaben zu tragen. Herr W. kann jederzeit eine angemessene Entschädigung für seine Mehrleistung verlangen, etwa wenn das Paar sich trennt oder wenn seine Frau eine Erbschaft macht.

Was tun bei Streit ums Geld?

Können Sie sich nicht einigen, wie hoch das Haushaltsgeld und der Betrag zur freien Verfügung sein soll oder ob einer von Ihnen einen ausserordentlichen Beitrag zugut hat? Eine Ehe- oder Budgetberatungsstelle kann helfen, eine gerechte Lösung zu erarbeiten (Adressen finden Sie im Anhang).

Sie können sich auch – gemeinsam oder einzeln – ans Eheschutzgericht wenden. Die Richter können als Vermittler amten und versuchen, zusammen mit Ihnen eine Lösung zu finden. Oder sie können einen Ehegatten ermahnen, seinen Pflichten nachzukommen. Wenn einer von Ihnen es wünscht, muss das Gericht verbindlich festlegen, welche Geldbeträge Sie je an den gemeinsamen Haushalt beisteuern müssen. Das gilt auch für den Betrag zur freien Verfügung und für die Entschädigung für ausserordentliche Leistungen. Die Beiträge an den Unterhalt der Familie und den Betrag zur freien Verfügung kann das Gericht für die Zukunft und für maximal ein Jahr rückwirkend festlegen. Die Entschädigung für ausserordentliche Leistungen unterliegt keiner zeitlichen Limite.

Es ist also nicht nötig, sofort «zum Richter zu rennen», wenn es mal Streit ums Geld gibt. Sie haben genügend Zeit, zum Beispiel mit einer Budgetberatungsstelle zusammen eine einvernehmliche Lösung zu finden. Ist nichts zu machen, können Sie immer noch das Gericht einschalten.

Das Haushaltsbudget

Was für den Staatshaushalt unverzichtbar ist, bringt auch im Privathaushalt grossen Nutzen: ein Budget. Es ist das beste Mittel, um herauszufinden, wie viel Einkommen vorhanden ist, wie viel man tatsächlich ausgibt und wie man beides miteinander in Einklang bringt. Der Moment der Familiengründung ist ein guter Anlass, sich einen Überblick über die finanzielle Situation zu verschaffen.

Besonders wichtig ist ein Haushaltsbudget, wenn das Einkommen knapp ist. Denn damit lassen sich Sparmöglichkeiten erkennen. Und nicht zu vernachlässigen: Ein Budget wirkt auch klärend auf der

Beziehungsebene. Viele Paare leiden darunter, dass es ständig Streit ums Geld gibt. Das bringt die Liebe in Gefahr. Deshalb dient ein gemeinsam erstelltes und ausdiskutiertes Budget auch der Beziehungspflege.

Ein Budget ist etwas Individuelles, bei dem es weder richtig noch falsch gibt. Entscheidend ist bloss, ob es gelingt, die Finanzen so im Griff zu haben, dass die Ausgaben nicht grösser sind als die Einnahmen. Auch das ultimativ richtige System gibt es nicht: Die einen

Die wichtigsten Ausgabenposten im Budget

Feste Verpflichtungen

- Wohnkosten inklusive Nebenkosten
- Energie (Strom, Gas)
- Kommunikation (Telefon, Handy, Internet, Radio, TV)
- Versicherungen (Krankenkasse, Hausrat-, Privathaftpflichtversicherung, eventuell 3. Säule)
- Steuern
- Mobilität (öffentlicher Verkehr, Velo, Auto)
- Verschiedenes (Zeitungs- und Zeitschriftenabos, Vereinsbeiträge, Weiterbildung, Musik, Sport, Kreditraten)

Variable Kosten

- Haushaltsgeld
  - Nahrung, Getränke
  - Nebenkosten (Wasch- und Putzmittel, Drogerie, Körperpflege, tägliche Kleinigkeiten)
  - Haustier
- Persönliche Ausgaben
  - Kleider, Wäsche, Schuhe
  - Auswärtige Verpflegung
  - Coiffeur, Hobby, Taschengeld
- Rückstellungen
  - Medizinische Kosten (Franchise, Selbstbehalt, Zahnarzt, Optikerin)
  - Geschenke, Spenden
  - Unvorhergesehenes, Anschaffungen
  - Ferien
  - Sparen

führen verschiedene Konten, andere arbeiten mit Kuverts und unterschiedlichen Portemonnaies, wieder andere führen ein Haushaltsbuch. Welches System Sie wählen, ist egal – Hauptsache, Sie wenden es konsequent an. Um zwei Grundsätze werden Sie allerdings nicht herumkommen, wenn Sie Ihr Budget ernst nehmen wollen:

- Kein Geld ausgeben, das noch nicht verdient ist.
- Kein Geld ausgeben, das via Rückstellungen für anderes reserviert ist.

Ein Budget erstellen heisst zunächst: Einnahmen und Ausgaben auflisten. Beim ersten Mal braucht das etwas Geduld und Fleiss, insbesondere um die Ausgaben zusammenzutragen.

Auf der Einnahmenseite stehen in der Regel nicht viele Zahlen: Hier führt man den Lohn auf, inklusive allfällige Kinderzulagen. Idealerweise können Sie das Budget ausgeglichen halten, ohne den 13. Monatslohn einsetzen zu müssen. Das gibt Spielraum für Unvorhergesehenes. Komfortabel ist zudem, wenn Sie auch die Kinderzulage auf die Seite legen können, wenigstens in der Startzeit Ihrer Familie. Eine solche Rückstellung ist beruhigend im Hinblick auf die Schulzeit, weil sich dann die Ausgaben merklich erhöhen.

Auf der Ausgabenseite Ihres Budgets fallen mehr Posten an. Am besten unterteilen Sie sie nach festen Verpflichtungen und variablen Kosten (siehe Kasten).

Unterstützung bei der Zusammenstellung Ihres Budgets erhalten Sie bei Budgetberatung Schweiz. Im Internet (www.budgetberatung.ch) finden Sie Erhebungsbogen, Musterbudgets sowie die Adressen der Beratungsstellen. Eine individuelle Beratung dauert ein bis eineinhalb Stunden und kostet zwischen 40 und 150 Franken. Ein Musterbudget für ein Ehepaar mit einem Kind finden Sie im Kapitel «Die Kinder» (Seite 121).

Das eheliche Vermögen

Zum ehelichen Vermögen zählt alles, was Mann und Frau besitzen: das Auto, der Hausrat, Liegenschaften, Sparguthaben, Wertschriftendepots und Lebensversicherungen. In diesem Kapitel erfahren Sie, wie sich die Heirat auf Ihr Vermögen auswirkt, ob Handlungsbedarf besteht und welche Möglichkeiten Sie haben.

3

Was versteht man unter Güterrecht?

Wenn Sie heiraten, regelt neu das Güterrecht Ihre Vermögensverhältnisse. Es bestimmt einerseits, wem was gehört, wer über welche Vermögenswerte verfügen darf, wer das Vermögen verwaltet und wie Sie und Ihr Partner, Ihre Partnerin haften. Anderseits enthält das Güterrecht Bestimmungen, wann und wie die wirtschaftliche Gemeinschaft Ehe wieder entflochten wird und wie ein allfälliger «Gewinn» unter den Eheleuten verteilt wird. Das nennt man die güterrechtliche Auseinandersetzung.

Die meisten Bestimmungen des Eherechts handeln vom Güterrecht. Und die Warnung gleich vorweg: Diese Regelungen sind kein leichter Lesestoff. Das liegt in der Natur der Sache. Geht es um Vermögen, hat man es nun mal mit Bewertungen, Buchhaltung und Mathematik zu tun. Solange Sie kein nennenswertes Vermögen besitzen, können Ihnen die Bestimmungen zum ehelichen Güterecht herzlich egal sein und Sie können dieses Kapitel gleich überspringen. Alle andern sollten zumindest abklären, ob Handlungsbedarf besteht und was sie vorkehren können.

Wenn ein Paar einträchtig zusammenlebt, fragt niemand danach, wie genau das Vermögen aufgeteilt würde. Man spart gemeinsam für das neue Auto oder die Ausbildung der Kinder und jeder steuert bei, was er oder sie kann. Viele Bestimmungen des Güterrechts kommen erst zum Zug, wenn die Ehe aufgelöst wird – durch Scheidung oder Tod. Das zeigt sich auch in den Beispielen, die Sie auf den folgenden Seiten antreffen.

Drei eheliche Güterstände

Als Erstes gleich die Richtigstellung eines weit verbreiteten Irrglaubens: Mit der Heirat entsteht nicht automatisch gemeinsames Eigentum. Nur wenn ein Ehepaar im Ehevertrag die Gütergemeinschaft wählt, gehört das sogenannte Gesamtgut beiden (mehr dazu auf Seite 90). In allen andern Fällen bleibt jede Seite alleinige Eigentümerin ihrer Sachen. Am Bankkonto der Ehefrau ist der Ehemann also nicht automatisch beteiligt und umgekehrt gehört sein Auto nicht plötzlich zur Hälfte der Frau. Das gilt sowohl für das voreheliche Vermögen wie auch für alles, was Sie während der Ehe erwerben.

Und das sind die drei Güterstände, aus denen Sie bei Ihrer Heirat wählen können:

- **Errungenschaftsbeteiligung:** Mann und Frau haben je zwei sogenannte Gütermassen: das Eigengut und die Errungenschaft. Bei einer Auflösung der Ehe ist jede Seite zur Hälfte an der Errungenschaft der andern beteiligt. Passt Ihnen das, brauchen Sie keinen Ehevertrag. Die Errungenschaftsbeteiligung ist der ordentliche Güterstand, dem alle Ehepaare unterstehen, die nichts anderes vereinbaren (mehr dazu auf Seite 75).
- **Gütergemeinschaft:** Bei diesem Güterstand gibt es drei Gütermassen: das Eigengut der Frau, das Eigengut des Mannes und das Gesamtgut. Über das Gesamtgut können Mann und Frau nur gemeinsam verfügen (siehe Seite 90).
- **Gütertrennung:** Bei der Gütertrennung gibt es nur das Vermögen der Frau und das Vermögen des Mannes. Auch bei einer Auflösung der Ehe wird nichts geteilt (siehe Seite 93).

Klar voneinander zu unterscheiden sind die eigentumsrechtliche und die güterrechtliche Ebene. Das Eigentumsrecht bestimmt, wem ein Vermögensgegenstand gehört; das Güterrecht klärt, wie die Eheleute wertmässig an einem Vermögensgegenstand beteiligt sind.

Maximilian D. ist im Grundbuch als Alleineigentümer der ehelichen Liegenschaft eingetragen. Finanziert wurde das Eigenheim mit dem Ersparten aus seinem Arbeitslohn (Errungenschaft). Kommt es zu einer Scheidung, hat seine Frau Valentina keine Chance, die Liegenschaft in ihr Eigentum zu ziehen. Güterrechtlich aber ist sie zur Hälfte daran beteiligt, weil das Haus mit Mitteln der Errungenschaft finanziert wurde. Maximilian D. muss seiner Frau die Hälfte des aktuellen Verkehrswerts der Liegenschaft auszahlen.

Altrechtliche Güterstände

Das Eherecht wurde auf den 1. Januar 1988 komplett revidiert. Seither gelten die neuen Güterstände. Wer damals schon verheiratet war, konnte bis zum 31. Dezember 1988 amtlich erklären, die altrechtliche Güterverbindung beizubehalten. Für alle andern Ehepaare gilt rückwirkend für die gesamte Ehe das Nachfolgemodell, die Errungenschaftsbeteiligung.

Wenn Sie allerdings noch unter altem Recht einen Ehevertrag abgeschlossen und diesen seither nicht aufgehoben haben, unterstehen Sie immer noch der Güterverbindung oder der altrechtlichen Gütergemeinschaft (haben Sie Gütertrennung vereinbart, gelten automatisch die neurechtlichen Bestimmungen dieses Güterstands).

Mit einem neuen Ehevertrag können Sie jederzeit zu den neuen Bestimmungen wechseln. Prüfen Sie mit einem Notar oder einer Anwältin, ob dies Vorteile hätte.

Der Ehevertrag

Die gute Nachricht gleich vorweg: Die meisten Eheleute brauchen keinen Ehevertrag. Für sie ist die Errungenschaftsbeteiligung der optimale Güterstand. Während der Ehe wirkt die Errungenschaftsbeteiligung, salopp gesagt, wie eine Gütertrennung. Es bleibt also vorerst vermögensrechtlich alles beim Alten; Mann und Frau verfügen je selbständig über ihr Vermögen. Erst bei Auflösung der Ehe wird ein wirtschaftlicher Erfolg hälftig geteilt.

Cristina und Serge R. haben jung geheiratet und besitzen am Anfang ihrer Ehe nur ein paar Möbelstücke aus dem Brockenhaus. Cristina wird bald schwanger und kümmert sich die nächsten zwanzig Jahre hauptsächlich um Haushalt und Familie. Das Familieneinkommen reicht gut zum Leben und Herr R. kann sogar 80 000 Franken sparen. Käme es zu einer Scheidung, stünde Frau R. die Hälfte davon zu.

Bei der Errungenschaftsbeteiligung ist also automatisch für einen Ausgleich zwischen Familienarbeit und Berufstätigkeit gesorgt.

Möglichkeiten im Ehevertrag Im Ehevertrag kann ein Ehepaar anstelle der Errungenschaftsbeteiligung die Gütergemeinschaft oder die Gütertrennung wählen. Auch eine Abänderung der Errungenschaftsbeteiligung in gewissen Punkten ist möglich. Andere, selbst entwickelte Regelungen sind nicht zulässig.

Ob eine ehevertragliche Regelung für Sie sinnvoll wäre, hängt von Ihren Bedürfnissen ab. Sind Sie unsicher, schreiben Sie am besten auf, was Sie punkto eheliches Vermögen möchten und was nicht, und lassen sich von einer Anwältin oder einem Notar beraten.

Als Erstes einige Klärungen zum Thema Gütertrennung: Viele Ratsuchende an der Beobachter-Hotline interessieren sich für diesen Güterstand, weil sie nicht für die Schulden des künftigen Ehegatten aufkommen möchten. Andere wollen bei einer allfälligen Scheidung ihr Pensionskassenkapital nicht teilen und wieder andere möchten verhindern, dass sie von ihrem Einkommen oder Vermögen Beiträge ans teure Pflegeheim des Ehemanns oder Trennungsalimente für die Ehefrau bezahlen müssen.

In all diesen Fällen würde die Gütertrennung gar nichts bewirken. Denn für die vorehelichen Schulden der einen Seite haftet die andere sowieso nicht. Auch für Schulden, die Frau und Mann nach der Heirat eingehen, ist die Haftung stark eingeschränkt (siehe Seite 55). Die Teilung der während der Ehe gesparten Pensionskassenguthaben ist auch bei der Gütertrennung zwingend. Und die Unterstützungspflicht des finanziell besser gestellten Ehegatten bei Trennung, Scheidung oder wenn der andere ins Pflegeheim muss, lässt sich via Ehevertrag nicht aushebeln.

Ebenfalls keinen Ehevertrag brauchen Eheleute, die bei der Heirat (oder auch später) kein nennenswertes Vermögen besitzen. Und reduziert zum Beispiel die Frau ihr Erwerbseinkommen oder gibt es zugunsten der Familienarbeit ganz auf, ist ihr dringend zu raten, die Errungenschaftsbeteiligung beizubehalten. So ist sie nämlich an einem wirtschaftlichen Erfolg der Ehe hälftig beteiligt, wenn es zur Scheidung kommt oder ihr Partner stirbt.

Formvorschriften für Eheverträge Einen Ehevertrag können Sie jederzeit abschliessen, bereits vor der Hochzeit oder noch Jahre später. Sie können darin auch bestimmen, dass die neue Regelung

Gute Gründe für einen Ehevertrag

— Sie wollen verhindern, dass das, was Sie während der Ehe aus Ihrem Einkommen sparen, bei einer Scheidung unter Ihnen halbiert oder im Todesfall mit den Miterben geteilt werden muss. Im Ehevertrag können Sie Gütertrennung vereinbaren oder die Errungenschaftsbeteiligung beibehalten, aber einen andern Verteilschlüssel abmachen (siehe Seite 79).

— Einer von Ihnen arbeitet im eigenen Geschäft. Steigt der Wert des Geschäfts während der Ehe, muss dieser Mehrwert bei der Scheidung oder im Todesfall mit dem andern Ehegatten bzw. mit den Miterben geteilt werden. Das kann schlimmstenfalls zum finanziellen Ruin der Firma führen. Verhindern lässt sich dies mit der Gütertrennung oder mit einem Ehevertrag, in dem Sie die Errungenschaftsbeteiligung zwar beibehalten, das Betriebsvermögen aber zu Eigengut erklären (siehe Seite 79).

— Sie möchten, dass die ehelichen Ersparnisse im Todesfall an die hinterbliebene Partnerin, den Partner gehen. Dann können Sie die Errungenschaftsbeteiligung beibehalten, im Ehevertrag aber abmachen, dass die Errungenschaft ganz an den überlebenden Ehegatten fällt. Achtung: Das funktioniert nur für kinderlose Ehepaare oder gegenüber gemeinsamen Kindern.

— Sie, Ihr Partner oder beide haben Kinder aus einer früheren Beziehung. Im Vordergrund steht dann oft die bestmögliche Absicherung des weniger vermögenden Ehegatten im Todesfall. Mit einem Ehevertrag auf Gütergemeinschaft lassen sich die erbrechtlichen Anteile der Kinder der vermögenden Seite oft tiefer halten als bei der Errungenschaftsbeteiligung (siehe Seite 188).

— Bei einer Heirat in reiferen Jahren bringen eine Seite oder beide oft nennenswertes Vermögen mit in die Ehe. Dieses Vermögen gehört zwar zum Eigengut und muss bei einer Auflösung der Ehe nicht geteilt werden. Der Ertrag aus dem Eigengut fliesst aber in die Errungenschaft. Ist das nicht erwünscht, können Sie die Errungenschaftsbeteiligung behalten, im Ehevertrag aber abmachen, dass diese Erträge Eigengut bilden.

rückwirkend ab Heiratsdatum gelten soll. Damit der Vertrag gültig ist, muss er öffentlich beurkundet werden. Dafür ist in den meisten Kantonen ein Notar zuständig.

Ihren Ehevertrag müssen Sie nur dann im Wohnsitzkanton abschliessen, wenn kantonale Bestimmungen das verlangen. Erkundigen Sie sich auf der Gemeinde nach den Gebühren, unter Umständen sind diese im Nachbarkanton nämlich tiefer. Im Kanton Zürich zum Beispiel kostet ein Ehevertrag je nach Aufwand und Vermögen zwischen 200 und 7500 Franken.

Sie können Ihren Ehevertrag im gegenseitigen Einverständnis jederzeit wieder aufheben oder abändern und einen andern Güterstand wählen. Erforderlich ist dazu aber wiederum eine öffentliche Beurkundung.

Von Vorteil: ein Inventar

Der optimale Güterstand und der beste Ehevertrag nützen nichts, wenn Sie im Krisenfall nicht beweisen können, wem welcher Sachwert gehört und in welche Gütermasse er fällt. Misslingt der Beweis, gilt Miteigentum je zur Hälfte und der Vermögenswert fällt in die Errungenschaft (bei Gütergemeinschaft ins Gesamtgut).

Hans O. erbt während der Ehe 50 000 Franken und kauft damit eine antike Skulptur. Jahre später stirbt seine Frau. Herr O. hat keine Belege, dass seine Skulptur ihm alleine gehört und dass er sie mit seiner Erbschaft bezahlt hat. Damit riskiert er, dass seine Miterben zu Unrecht an diesem Vermögenswert beteiligt werden.

Damit stets klar ist, wem was gehört und welcher Gütermasse die Vermögenswerte zuzuteilen sind, empfiehlt es sich, ein Inventar aufzunehmen. Wer Vermögen mit in die Ehe bringt, tut dies am besten schon vor der Hochzeit und ergänzt die Liste bei späteren wertvollen Anschaffungen. Neben dem Inventar helfen auch aufbewahrte Rechnungen, Verträge und Quittungen, das Eigentum an einer Sache zu beweisen.

Gelder aus AHV, Pensionskasse und Säule 3a

Ein wichtiger Teil des gemeinsamen Vermögens steckt in der Altersvorsorge, vor allem in der Pensionskasse und der Säule 3a. Sind Sie verheiratet, gilt für diese Guthaben sozusagen Errungenschaftsbeteiligung.

- Was Sie während der Ehe an AHV-Beiträgen zahlen, wird für die Berechnung der Renten hälftig auf Frau und Mann verteilt (Splitting, siehe Seite 178).
- Die Pensionskassenguthaben fallen zwar nicht unter das Güterrecht. Aber bei einer Scheidung sorgt der Vorsorgeausgleich dafür, dass die Guthaben aus der Zeit der Ehe unter den Eheleuten halbiert werden (siehe Seite 182).
- Die Guthaben der Säule 3a werden vom ehelichen Güterrecht erfasst. Wurden die Einzahlungen mit Erwerbseinkommen finanziert – und das ist in den meisten Fällen so –, wird das Geld bei Auflösung der Ehe also halbiert (ausser bei Gütertrennung).

Wenn Sie das Inventar in einer öffentlichen Urkunde – also von einer Notarin oder einer andern Urkundsperson – erstellen lassen, hat es sogar erhöhte Beweiskraft. Dies gilt uneingeschränkt für das Inventar, das Sie bis spätestens ein Jahr nach der Heirat aufnehmen. Anschliessend oder bei einer späteren Ergänzung gilt die erhöhte Beweiskraft nur für Vermögenswerte, die nicht länger als ein Jahr zurück erworben wurden. Die Kosten für die Aufnahme eines Inventars mit öffentlicher Urkunde variieren von Kanton zu Kanton. Im Kanton Zürich sind es je nach Zeitaufwand zwischen 100 und 1000 Franken.

Auch ein Inventar, das Sie erst später oder ohne öffentliche Urkunde erstellen, ist keineswegs nutzlos. Im Streitfall wird das Gericht auch dem gewöhnlichen Inventar gute Beweiskraft zubilligen. Ein Musterinventar finden Sie im Anhang.

Die Errungenschaftsbeteiligung

Haben Sie keinen Ehevertrag abgeschlossen, gilt für Sie die Errungenschaftsbeteiligung. Juristen nennen sie den ordentlichen oder gesetzlichen Güterstand. Bei der Errungenschaftsbeteiligung sind Frau und Mann am wirtschaftlichen Erfolg ihrer Ehe gleichermassen beteiligt, unabhängig von ihrer Rollenverteilung.

Das heisst nun aber nicht, dass Ihnen die Hälfte des Einkommens Ihres Partners, Ihrer Partnerin gehört oder dass Sie einfach Zugriff auf die Hälfte der Ersparnisse haben. Die gegenseitige Beteiligung am Vermögenszuwachs wirkt sich erst aus, wenn der Güterstand aufgelöst wird – also bei einer Scheidung, im Todesfall oder wenn Sie per Ehevertrag zu einem andern Güterstand wechseln. Dann kommt es zur güterrechtlichen Auseinandersetzung (siehe Seite 82).

Mein, dein, unser Vermögen

Die Heirat ändert nichts am Eigentum von Mann und Frau. Die Ehefrau bleibt Alleineigentümerin ihres Autos, das sie schon vor der Heirat fuhr, und der Ehemann bleibt Alleineigentümer seines in die Ehe eingebrachten Hauses. Auch nach der Heirat erwerben Mann und Frau bei Neuanschaffungen grundsätzlich Alleineigentum. Ein Vermögenswert steht nur dann im Miteigentum der Eheleute, wenn sie ihn gemeinsam erwerben. Lässt sich im Streitfall das Alleineigentum nicht beweisen, gilt ebenfalls Miteigentum je zur Hälfte.

Jim und Linda H. kaufen zusammen eine Wohnung. Sie lassen sich im Grundbuch als Miteigentümer je zur Hälfte eintragen. Dieser Eintrag gilt als Beweis für Miteigentum.

Was gilt bei Miteigentum? Kein Ehepartner kann ohne Einwilligung des andern über seinen Miteigentumsanteil verfügen. Jim H. kann also seinen Anteil am Haus nicht verkaufen, wenn seine Frau ihr Veto einlegt. Allerdings würde er sowieso kaum einen Käufer finden. Denn wer will schon mit einer Wildfremden ein Haus teilen?

Immerhin kann jede Seite jederzeit die gerichtliche Auflösung des Miteigentums durchsetzen. Schlimmstenfalls kommt es dann zur öffentlichen Versteigerung an den Meistbietenden. Wird der Güterstand aber aufgelöst, zum Beispiel bei der Scheidung, gilt folgende Besonderheit: Das Gericht kann demjenigen Ehegatten, der ein überwiegendes Interesse hat, das Alleineigentum an der bisher im Miteigentum stehenden Sache zuweisen – gegen Entschädigung natürlich. Der übernehmende Ehegatte muss in der Lage sein, dem andern den aktuellen Verkehrswert auszuzahlen. Ein überwiegendes Interesse hat zum Beispiel die Ehefrau, die die Kinder betreut, oder der Ehemann im Rollstuhl, wenn die Wohnung extra behindertengerecht ausgebaut ist.

Solchen Auseinandersetzungen vorbeugen können Sie nur, wenn Sie gemeinsames Eigentum vermeiden. Gerade beim Kauf eines Eigenheims ist es in vielen Fällen gar nicht nötig, dass sich beide im Grundbuch eintragen lassen (siehe auch Seite 96).

Nutzung und Verwaltung Jede Seite bestimmt selbständig, wie sie ihr Vermögen nutzt und verwaltet. Die Ehefrau kann also nichts machen, wenn ihr Mann seine Ersparnisse auf dem Privatkonto liegen lässt, anstatt sie gewinnbringend anzulegen. Genauso bestimmt die Frau allein, ob sie ihre Ferienwohnung vermietet oder darin mit der Familie Ferien macht.

Zum Schutz der ehelichen Gemeinschaft ist die freie Nutzung des eigenen Vermögens aber eingeschränkt. So brauchen Sie die Zustimmung Ihres Ehemanns, Ihrer Frau, wenn Sie über die Familienwohnung verfügen wollen. Und jeder von Ihnen muss aus dem eigenen Einkommen – und wenn nötig auch vom Vermögen – angemessene Beiträge an den Unterhalt der Familie leisten. Mehr dazu lesen Sie im Kapitel «Die Ehe leben» (Seite 29 und 59).

Ist Ihre Partnerin, Ihr Partner sparsam, während Sie Ihr Einkommen lieber ausgeben? Oder umgekehrt? Mit einer Gütertrennung könnten Sie unliebsame Diskussionen ums Geld entschärfen. So ist zumindest gesichert, dass der Sparsame im Krisenfall dem andern nichts abgeben muss.

Errungenschaft und Eigengut

Jeder Vermögenswert gehört entweder zum Eigengut oder zur Errungenschaft eines Ehegatten. Kommt es zur Auflösung der Ehe und müssen die Vermögen von Frau und Mann auseinanderdividiert werden, gilt: Jede Seite behält ihr Eigengut; der Vorschlag – der Positivsaldo der Errungenschaft – wird hälftig geteilt.

Die Errungenschaft Zur Errungenschaft gehören die Vermögenswerte, die Sie während der Ehe entgeltlich erwerben:

- das Erwerbseinkommen
- Leistungen, die das Arbeitseinkommen ersetzen, wie Renten der AHV, IV und der Pensionskasse, das Unfall-, Kranken- und Arbeitslosentaggeld
- Entschädigungen wegen Arbeitsunfähigkeit, insbesondere Zahlungen eines haftpflichtigen Unfallverursachers
- die Erträge des Vermögens inklusive des Eigenguts, also zum Beispiel Bankzinsen, Dividenden, Mietzinseinnahmen
- Ersatzanschaffungen für Errungenschaft, zum Beispiel das Auto, das mit Ersparnissen aus Erwerbseinkommen gekauft wird

Bei der Bewertung der Errungenschaft von Mann oder Frau sind nur die aktuell vorhandenen Vermögenswerte relevant. Falsch wäre es also, alle während der Ehe je ausgezahlten Löhne zusammenzuzählen.

Während der Ehe hat Josef V. insgesamt 600 000 Franken verdient. Der grösste Teil wurde für den aufwendigen Lebensstil verbraucht. Als es zur Scheidung kommt, hat Herr V. noch 50 000 Franken übrig. Zu seiner Errungenschaft gehören nur diese 50 000 Franken.

Das Eigengut Anstatt vom Eigengut sprechen manche auch vom Frauen- und vom Mannesgut. Zum Eigengut gehören:

- alle Gegenstände, die dem Mann oder der Frau ausschliesslich zum persönlichen Gebrauch dienen, also zum Beispiel die Kleider, der Schmuck, Sportgeräte oder Musikinstrumente

- Vermögenswerte, die einem Ehegatten zu Beginn des Güterstands gehören oder ihm später unentgeltlich zufallen: das in die Ehe eingebrachte Frauen- oder Mannesgut, Erbschaften, Erbvorbezüge oder Schenkungen
- Genugtuungsansprüche
- Ersatzanschaffungen für Eigengut, zum Beispiel das Ledersofa, das aus geerbtem Geld gekauft wird

Alle Vermögenswerte, die nicht dem Eigengut zugeordnet werden können, fallen in die Errungenschaft. Dies gilt vor allem auch im Streitfall, wenn eine Seite nicht beweisen kann, dass ein bestimmter Gegenstand zu ihrem Eigengut gehört. Darum sollten Sie nennenswertes Frauen- oder Mannesgut am besten in einem Inventar festhalten (siehe Seite 73).

Die gesetzlichen Vorgaben abändern

Die meisten dieser Regeln können Eheleute nicht abändern. So ist zum Beispiel die Einteilung der Vermögenswerte in Eigengut und Errungenschaft grundsätzlich zwingend. Sie können also auch in einem Ehevertrag nicht gültig vereinbaren, dass Erbschaften in die Errungenschaft fallen.

Erträge des Eigenguts Zulässig ist es aber, im Ehevertrag zu bestimmen, dass die Erträge des Eigenguts nicht in die Errungenschaft fallen. Gerade wenn sehr hohe voreheliche Vermögen vorhanden sind oder grosse Erbschaften anfallen, lässt sich so eine Beteiligung am Vermögenszuwachs aus dem Eigengut des Partners, der Partnerin ausschliessen.

Paloma K.s Vermögen vor der Heirat beträgt rund fünf Millionen; es wirft durchschnittlich 250 000 Franken pro Jahr ab. Paloma und ihr Ehemann Pablo wollen verhindern, dass seine Kinder aus früherer Ehe nach seinem Tod von den Vermögenserträgen der Stiefmutter profitieren. Im Ehevertrag vereinbaren sie deshalb, dass die Erträge des Eigenguts nicht in die Errungenschaft fallen.

Die Errungenschaft anders verteilen Via Ehevertrag lässt sich die hälftige Beteiligung an der Errungenschaft abändern. Manche Ehepaare weisen für den Todesfall den gesamten Vorschlag der hinterbliebenen Seite zu. Haben Sie und Ihre Partnerin, Ihr Partner gar keine Eigengüter, erhält die Witwe bzw. der Witwer so bereits aus Güterrecht das gesamte eheliche Vermögen; die andern Erben gehen leer aus. Gegenüber gemeinsamen Kindern oder bei kinderlosen Ehepaaren gegenüber den Eltern ist das erlaubt. Nicht gemeinsame Kinder können dagegen eine Auszahlung in der Höhe ihres Pflichtteils fordern. Mehr zur Begünstigung des hinterbliebenen Ehegatten lesen Sie im Kapitel «Füreinander vorsorgen» (Seite 186).

Anstelle der Zuweisung des ganzen Vorschlags wäre auch ein anderer Verteilschlüssel möglich, zum Beispiel ein Drittel zu zwei Dritteln. Soll eine vom Gesetz abweichende Aufteilung auch bei der Scheidung oder beim Wechsel zu einem andern Güterstand geltend, muss dies im Ehevertrag besonders erwähnt sein. Ansonsten wird davon ausgegangen, dass die Abänderung nur im Todesfall gilt.

Unternehmerklausel Im Ehevertrag können Eheleute das Berufs- und Gewerbevermögen einer Seite zu Eigengut erklären. Gemeint ist jede Art von selbständiger Erwerbstätigkeit: landwirtschaftliche Betriebe, eine Bäckerei, die Arztpraxis, die Anwaltskanzlei, das Transportunternehmen oder eine Fabrik. Die Grösse des Unternehmens spielt keine Rolle. Auch eine Beteiligung an einem Unternehmen gehört dazu, wenn ein Ehegatte in der Firma massgebend mitwirkt. Reine Kapitalanlagen sind dagegen ausgeschlossen.

Die Brüder Hermann und Theo M. betreiben ein Gourmetrestaurant. Hermann kümmert sich ums Administrative, Theo ums Kulinarische. Ihre je hälftigen Beteiligungsrechte können zu Eigengut erklärt werden.
Katja N. besitzt Aktien einer Grossbank. Dies gilt als reine Kapitalanlage, die Aktien können nicht zu Eigengut erklärt werden.

Dank der Unternehmerklausel müssen Firmeninhaber nicht unbedingt Gütertrennung vereinbaren, um ihr Unternehmen im Todesfall oder bei einer Scheidung zu schützen.

George G. baut während der Ehe ein erfolgreiches Bauunternehmen auf, sein Wert: fünf Millionen Franken. Ohne Abmachung im Ehevertrag könnte Carla G. bei der Scheidung die Hälfte, also 2,5 Millionen Franken, verlangen. Herr G. müsste schlimmstenfalls die Firma verkaufen, um seine Frau auszahlen zu können.

Wenn Sie sich für eine solche Lösung entscheiden, sollten Sie auch an die Absicherung der Partnerin, des Partners denken. Haben Sie neben Ihrem Betriebsvermögen noch andere Errungenschaftsmittel, könnten Sie zum Beispiel im Ehevertrag zusätzlich abmachen, dass diese bei einer Scheidung und / oder im Todesfall mehrheitlich oder ausschliesslich an die andere Ehehälfte fallen.

Toni und Barbara S. vereinbaren im Ehevertrag, dass Tonis Malergeschäft zu seinem Eigengut gehört. Als Ausgleich fallen drei Viertel der restlichen Errungenschaft bei einer Scheidung an Barbara und nur ein Viertel an Toni.

Nicht immer reichen die Mittel für einen solchen Ausgleich, etwa wenn praktisch das ganze Vermögen im Betrieb steckt. Welche Lösungen dann noch machbar und fair sind, besprechen Sie am besten mit einer auf Familienrecht spezialisierten Anwältin.

Beteiligungsrechte

Die Errungenschaftsbeteiligung ist eigentlich ein simpler Güterstand. Komplizierter wird es erst, wenn die verschiedenen Gütermassen miteinander vermischt werden. Das passiert zum Beispiel, wenn der Ehemann mit Mitteln seiner Errungenschaft die Schulden seines Eigenguts bezahlt. Oder wenn er mit Mitteln aus seinem Eigengut Investitionen in einen Vermögenswert in der Errungenschaft seiner Frau tätigt. Bei der Auflösung der Ehe hat die Gütermasse, aus der die Gelder stammen, rechnerisch eine Ersatzforderung zugut.

Solche Berechnungen sind anspruchsvoll und Sie überlassen sie am besten Fachpersonen. Wer lieber selber rechnet, findet sogleich ein Beispiel. Die sauberste Berechnung nützt aber nichts, wenn Sie im Streitfall die Herkunft Ihrer Gelder nicht beweisen können. Darum halten Sie solche Vorgänge zumindest schriftlich fest. Noch besser ist ein öffentliches Inventar (siehe Seite 74).

Klara C. erbt eine Liegenschaft, diese gehört also in ihr Eigengut. Frau C. amortisiert 100 000 Franken Hypothek mit Erspartem aus ihrem Lohneinkommen. Damit tilgt ihre Errungenschaft eine Schuld ihres Eigenguts. Bei der Berechnung des Vorschlags werden die Amortisationszahlungen Klaras Errungenschaft gutgeschrieben. Auch Ehemann Clive beteiligt sich mit 50 000 Franken an der Amortisation der Hypothek. Dazu verwendet er Ersparnisse aus der Zeit vor der Ehe, also Eigengut. Sein Eigengut hat eine Ersatzforderung gegenüber dem Eigengut seiner Frau.
Die Liegenschaft ist mit 800 000 Franken bewertet. Nach den Amortisationen von Klara und Clive beträgt die Hypothek noch 200 000 Franken. Wie die Ersatzforderungen berechnet werden, sehen Sie im unten stehenden Kasten.

Mehr- und Minderwerte Vermögenswerte können mit der Zeit an Wert zulegen oder verlieren. Ist eine Gütermasse an der andern beteiligt, werden solche Wertschwankungen auch auf den Beteiligungen berücksichtigt. Dabei werden zwei Situationen unterschieden:

Berechnung der Ersatzforderungen

	Eigengut Klara		Errungenschaft Klara		Eigengut Clive	
	Aktiv	Passiv	Aktiv	Passiv	Aktiv	Passiv
Wert der Liegenschaft	800 000					
Hypothek		200 000				
Amortisation Klara		100 000	100 000			
Amortisation Clive		50 000			50 000	
	Eigengut Klara: 450 000		Errungenschaft Klara: 100 000		Eigengut Clive: 50 000	

- Sind Eigengut und Errungenschaft eines Ehegatten betroffen wie bei Klara C.s Amortisation der Hypothek, wird sowohl ein Mehr- wie auch ein Minderwert berücksichtigt (Art. 209 Abs. 3 ZGB). Wäre also seit der Amortisation der Wert der Liegenschaft zum Beispiel um einen Viertel gesunken, würden nur noch 75 000 Franken in Klaras Errungenschaft fallen.
- Investierte ein Ehegatte in einen Vermögenswert des andern wie bei der Amortisation von Clive C., wird nur der Mehrwert berücksichtigt (Art. 206 Abs. 1 ZGB). Auch wenn der Wert der Liegenschaft gesunken wäre, könnte Herr C. also die vollen 50 000 Franken geltend machen.

Cornelia A. kauft ein Gemälde, das 30 000 Franken kostet. Ehemann Tom beteiligt sich mit 10 000 Franken daran. Käme es zur Scheidung und hätte sich der Wert des Gemäldes auf 60 000 Franken verdoppelt, wären die Eheleute am Mehrwert proportional zu ihrem finanziellen Engagement beteiligt. Cornelia also mit zwei Dritteln, ihr Mann mit einem Drittel. Tom A. könnte seine ursprüngliche Investition von 10 000 Franken und eine Mehrwertbeteiligung von 10 000 Franken verlangen.

Ist eine solche Mehrwertbeteiligung nicht erwünscht, können Sie sie ganz oder teilweise ausschliessen. Dafür braucht es keinen Ehevertrag. Eine einfache schriftliche Vereinbarung reicht.

Formulierung: Ausschluss der Mehrwertbeteiligung

«Wir halten fest, dass Tom 10 000 Franken an den Kauf von Cornelias Gemälde ‹Der springende Hirsch› beigesteuert hat. An einem allfälligen Mehrwert ist Tom nicht beteiligt.»

Die güterrechtliche Auseinandersetzung

Die folgenden Regelungen müssen Verlobte, frisch Verheiratete und langjährig glückliche Ehepaare eigentlich nicht interessieren. Sie betreffen allesamt den Krisenfall, in erster Line Scheidung und Tod. Da aber niemand vor einer späteren Krise gefeit ist, möchten Sie vielleicht doch wissen, was mit Ihrem Vermögen passieren würde.

Die güterrechtliche Auseinandersetzung lässt sich grob in folgende Etappen unterteilen:

1. Eigentumsverhältnisse klären und Schulden regeln
2. Vermögenswerte dem Eigengut und der Errungenschaft zuordnen
3. Vorschlag berechnen
4. Beteiligungsforderungen bewerten und begleichen

Eigentumsverhältnisse klären und Schulden regeln Wie bei einer ordentlichen Buchhaltung wird zunächst festgestellt, welche Guthaben und welche Schulden Mann und Frau haben. Auf der Aktivseite werden das Eigentum und die Forderungen aufgeführt, auf der Passivseite die Schulden.

Bei Cornelia und Tom A. im Beispiel auf Seite 82 ist unbestritten, dass das Auto dem Mann und die Wohnungseinrichtung der Frau gehört. Das Auto kommt auf die Aktivseite des Mannes, die Möbel werden auf die Aktivseite der Frau gesetzt. Tom schuldet Cornelia noch die Rückzahlung eines Darlehens und die Trennungsalimente für das letzte Halbjahr. Diese Ausstände verbucht er bei den Passiven, Cornelia bei ihren Aktiven. Auch die finanziellen Beteiligungen am Bild werden zugeordnet (siehe unten stehenden Kasten).

Eigentum und Schulden klären

Cornelia		Tom	
Aktiven	**Passiven**	**Aktiven**	**Passiven**
Wohnungseinrichtung	Toms Investition ins Bild und Mehrwertanteil	Auto	Darlehensforderung
Darlehensforderung		Investition ins Bild von Cornelia und Mehrwertanteil	Alimentenforderung
Alimentenforderung			
Bild «Springender Hirsch»			

Zuordnung zu Eigengut und Errungenschaft Jeder **Vermögenswert** wird als Ganzes einer Gütermasse zugeordnet. Sind beide Gütermassen beteiligt, kommt der Vermögenswert in die Gütermasse mit der grösseren Beteiligung. Der andern Gütermasse steht eine Ersatzforderung zu. Wurde ein Vermögenswert nur mit Fremdkapital finanziert (Kreditkauf), wird er der Errungenschaft zugewiesen.

Sina D. hat ihr Segelboot zu 10 Prozent mit Eigengut finanziert, 90 Prozent stammen aus gespartem Lohn, also aus ihrer Errungenschaft. Der aktuelle Wert des Segelboots ist 100 000 Franken. Dieser Wert wird der Errungenschaft zugeordnet.

Zuordnung zu Eigengut und Errungenschaft

Errungenschaft		Eigengut	
Guthaben	**Schulden**	**Guthaben**	**Schulden**
Wert Segelboot: 100 000	Finanzierungsanteil Eigengut: 10 000	Finanzierungsanteil Eigengut: 10 000	keine
Saldo der Errungenschaft (= Vorschlag): 90 000		Saldo des Eigenguts: 10 000	

Eine **Schuld** belastet immer die Gütermasse, mit der sie sachlich zusammenhängt, in Zweifelsfällen die Errungenschaft.

Elisa B.s Ferienwohnung kostet 300 000 Franken. Sie finanziert sie zu 70 Prozent mit Hypotheken, zu 20 Prozent mit Errungenschaftsmitteln und zu 10 Prozent mit Eigengut. Da die Beteiligung der Errungenschaft grösser ist als diejenige aus Eigengut, wird die Liegenschaft der Errungenschaft zugewiesen. Die Hypothekarschuld wird ebenfalls der grösseren Gütermasse, also der Errungenschaft zugewiesen (siehe Kasten auf der nächsten Seite).

Den Vorschlag berechnen Jede Seite hat die Hälfte vom Vorschlag der andern zugut – ausser im Ehevertrag ist etwas anderes vereinbart. Die Summen werden verrechnet. Ist die Errungenschaft

Zuordnung der Schulden

Errungenschaft		Eigengut	
Guthaben	**Schulden**	**Guthaben**	**Schulden**
Ferienwohnung: 300 000	Hypothek: 210 000		
	Ersatzforderung des Eigenguts: 30 000	Ersatzforderung von Errungenschaft: 30 000	
Saldo der Errungenschaft (= Vorschlag): 300 000 – 210 000 – 30 000 = 60 000		Saldo des Eigenguts: 30 000	

negativ, muss jeder Ehegatte diesen sogenannten Rückschlag selber tragen. Es gibt also keine nachträgliche Beteiligung an den Schulden des andern.

Ruth M. kommt auf einen Vorschlag von 70 000 Franken, ihr Mann Jörg auf 100 000 Franken. Ruth muss von ihrem Vorschlag die Hälfte, also 35 000 Franken abgeben. Bei Jörg sind es 50 000 Franken. Die beiden Vorschläge werden verrechnet und Herr M. muss seiner Frau 15 000 Franken bezahlen (50 000 minus 35 000).

Walters U.s Errungenschaft ist mit 30 000 Franken im Minus, er hat also einen Rückschlag zu verbuchen. Die Errungenschaft seiner Frau ist im Plus, sie beträgt 10 000 Franken. Am Rückschlag des Ehemanns muss sich Frau U. nicht beteiligen, aber sie muss ihm die Hälfte ihres Vorschlags, also 5000 Franken, abgeben.

Hinzurechnung Was gilt, wenn zum Beispiel der Ehemann ohne Wissen seiner Frau seine Errungenschaft durch Schenkungen geschmälert hat? Schenkungen, die nicht länger als fünf Jahren zurückliegen, werden zur Errungenschaft hinzugezählt, wie wenn sie noch vorhanden wären. Keine Zeitlimite gibt es, wenn der Ehemann Vermögenswerte zu einem Spottpreis oder gratis weggegeben hat, nur um den Beteiligungsanspruch seiner Frau zu schmälern. Fehlen dann die Mittel für eine korrekte Teilung, riskiert die beschenkte Person eine Rückforderung von der geprellten Ehefrau.

Nicht hinzugerechnet werden Beträge, die ein Ehegatte selber verbraucht hat, sowie die üblichen Gelegenheitsgeschenke etwa zum Geburtstag oder an Weihnachten. Und natürlich wird auch nichts hinzugerechnet, wenn die andere Seite der Schenkung zugestimmt hat.

Franz S. verkauft seine Ferienwohnung an seinen Sohn Udo aus erster Ehe für 200 000 Franken. Der tatsächliche Wert der Wohnung liegt aber bei 800 000 Franken. Ehefrau Lea ist mit dem Schleuderpreis gar nicht einverstanden, kann das Geschäft aber nicht verhindern. Ist Herr S. bei einer späteren Scheidung mittellos, kann Frau S. von ihrem Stiefsohn 300 000 Franken fordern.

Beteiligungsforderungen bewerten und begleichen Die Beteiligungsforderungen werden mit ihrem Verkehrswert zum Zeitpunkt der güterrechtlichen Auseinandersetzung bewertet. Das muss nicht dasselbe Datum sein wie dasjenige der Auflösung des Güterstands. Unter Umständen liegt eine grosse Zeitspanne dazwischen, zum Beispiel bei einem langjährigen Scheidungsprozess oder wenn die Kinder und die Mutter das Erbe des verstorbenen Vaters länger nicht teilen.

Karl V. reicht am 20. Oktober 2008 die Scheidungsklage ein. Das ist der Zeitpunkt der Auflösung des Güterstands und damit relevant für die Ausscheidung von Errungenschaft und Eigengut. Karls Errungenschaft besteht zu diesem Zeitpunkt aus einem Wertschriftendepot in Höhe von 100 000 Franken. Als die Ehe im Februar 2010 endlich geschieden wird, kommt es erst zur güterrechtlichen Auseinandersetzung. Inzwischen ist der Wert des Depots auf 80 000 Franken gesunken. Karl V. muss nur noch diese 80 000 Franken mit seiner Exfrau teilen.

Bereitet es einem Ehegatten erhebliche Schwierigkeiten, die Beteiligungsforderung sofort zu begleichen, kann das Gericht ihm einen Zahlungsaufschub gewähren. Dann muss er die Schuld verzinsen und allenfalls dafür Sicherheit leisten.

Karl V. muss ein paar Monate warten, bis er ohne grössere Verluste Mittel aus seinem Wertschriftendepot abziehen kann. So lange wird ihm die Bezahlung der Schuld gestundet. Er muss aber seiner Exfrau das Depot als Sicherheit verpfänden.

Alle Regeln an einem Beispiel

Als Erstes eine einfache güterrechtliche Auseinandersetzung, bei der klar ist, was wem gehört, und keine gegenseitigen Beteiligungen berücksichtigt werden müssen.

Benno R. hat eine Eigentumswohnung in die Ehe eingebracht. Sie hat einen Wert von 500 000 Franken und ist mit einer Hypothek von 200 000 Franken belastet. Während der Ehe konnte Herr R. von seinen Einkünften 100 000 Franken sparen. Die Ersparnisse hat er auf verschiedenen Konten angelegt. Ehefrau Inès hat nach der Heirat ihre Tante beerbt. Das Geld hat sie in Aktien angelegt, Wert 90 000 Franken. Während der Ehe hat sie aus ihrem Einkommen und aus Vermögensertrag 50 000 Franken auf ihrem Sparkonto geäufnet. Nun werden die Eigentumswohnung, die Aktien und die Sparkonten dem Eigengut und der Errungenschaft von Benno und Inès zugewiesen (siehe Kasten).

Jede Seite behält ihr Eigengut. Die beiden Vorschläge werden addiert und die Summe von 150 000 Franken wird halbiert. Benno und Inès

Einfache güterrechtliche Auseinandersetzung

Eigengut Inès		Errungenschaft Inès		Eigengut Benno		Errungenschaft Benno	
Aktiven	Passiven	Aktiven	Passiven	Aktiven	Passiven	Aktiven	Passiven
Aktien: 90 000	Keine	Erspartes: 50 000	Keine	Wohnung: 500 000	Hypothek: 200 000	Erspartes: 100 000	Keine
Saldo Eigengut Inès: 90 000		Vorschlag Inès: 50 000		Saldo Eigengut Benno: 300 000		Vorschlag Benno: 100 000	

R. haben je 75 000 Franken zugut. Inès kann also noch 25 000 Franken von ihrem Mann fordern.

Das gleiche Beispiel etwas komplizierter Herr und Frau R. haben gemeinsam die Hypothek von ursprünglich 200 000 Franken auf 100 000 Franken abbezahlt. 90 000 Franken stammen aus der Erbschaft von Inès, 10 000 aus Ersparnissen von Benno. Was das für die güterrechtliche Auseinandersetzung bedeutet, sehen Sie im folgenden Kasten.

Am Vorschlag ändert sich nichts: Herr R. muss seiner Frau 25 000 Franken überweisen. Zusätzlich schuldet er ihr aber 90 000 Franken

Güterrechtliche Auseinandersetzung mit Ersatzforderung

Eigengut Inès		Errungenschaft Inès		Eigengut Benno		Errungenschaft Benno	
Aktiven	Passiven	Aktiven	Passiven	Aktiven	Passiven	Aktiven	Passiven
Ersatzforderung für abbezahlte Hypothek: 90 000	Keine	Erspartes: 50 000	Keine	Wohnung: 500 000	Hypothek: 100 000	Erspartes: 90 000	Keine
					Ersatzforderung Eigengut Inès: 90 000	Ersatzforderung für abbezahlte Hypothek: 10 000	
					Ersatzforderung Errungenschaft Benno: 10 000		
Saldo Eigengut Inès: 90 000		Vorschlag Inès: 50 000		Saldo Eigengut Benno: 300 000		Vorschlag Benno: 100 000	

für den «Verlust» ihrer Aktien. Total braucht Benno R. also liquide Mittel von 115 000 Franken. Doch er hat nur 90 000 Franken flüssig, der Rest steckt in der Wohnung. Er einigt sich mit Inès, dass er die fehlenden 25 000 Franken in monatlichen Raten von 1000 Franken abzahlen kann.

Das gleiche Beispiel noch etwas komplizierter Liegenschaften haben in den vergangenen Jahren mit schöner Regelmässigkeit an Wert zugelegt. Bei Benno und Inès R. hat sich der Wert der Wohnung verdoppelt, Herr R. könnte sie für eine Million Franken verkaufen. Am Mehrwert von 500 000 Franken sind alle Vermögensanteile, die in der Wohnung stecken, proportional beteiligt. Wie die Mehrwertanteile berechnet werden, sehen Sie im unten stehenden Kasten.

Diese Mehrwertanteile werden in die Berechnung im Kasten auf Seite 88 eingesetzt. Das heisst: Benno R.s Eigengut beträgt nun 700 000 Franken. Die Ersatzforderung des Eigenguts von Inès R. verdoppelt sich auf 180 000 Franken. Auch die 10 000 Franken, die Benno aus seiner Errungenschaft für die Amortisation der Hypothek verwendet hat, erhöhen sich mit dem Mehrwertanteil auf 20 000 Franken. Der Vorschlag des Ehepaars R. beläuft sich damit insgesamt auf

Mehrwertanteile berechnen

	Eigengut Inès	Eigengut Benno	Errungenschaft Benno	Hypothek	Total
Investitionen	90 000	300 000	10 000	100 000	500 000
Beteiligungsverhältnis	9/50	30/50	1/50	10/50	1
Mehrwert	90 000	300 000	10 000	100 000	500 000
Zuteilung des Mehrwerts auf der Hypothek		100 000			
Total Ansprüche (Investition + Mehrwert)	180 000	700 000	20 000	100 000	1 000 000

160 000 Franken. Frau R. steht die Hälfte davon zu. Sie behält ihre Ersparnisse von 50 000 Franken und erhält von ihrem Mann die Differenz von 30 000 Franken. Zudem muss er ihr ihre Ersatzforderung auszahlen.

Benno R. braucht also insgesamt 210 000 Franken, um seine Frau auszuzahlen. Da er nur 90 000 Franken flüssig hat, erhöht er die Hypothek auf der Wohnung. Mit dem Geld von der Bank kann er die Forderungen von Inès begleichen.

Möchten Sie mehr darüber wissen, wie das eheliche Vermögen im Falle eines Falles auseinanderdividiert wird? Im Beobachter-Ratgeber «Scheidung. Faire Regelung für Kinder, Wohnung und Finanzen» finden Sie ausführlichere Informationen (www.beobachter.ch/buchshop).

Die Gütergemeinschaft

Die Gütergemeinschaft entsteht, wenn Mann und Frau diesen Güterstand in einem Ehevertrag vereinbaren. In der Schweiz haben das nur rund drei Prozent der Ehepaare getan.

Im Unterschied zur Errungenschaftsbeteiligung gibt es bei der Gütergemeinschaft nur drei Gütermassen: das Eigengut der Frau, das Eigengut des Mannes und das Gesamtgut der Eheleute. Ehepaare können unter drei Arten der Gütergemeinschaft auswählen:

- Beim Grundmodell, der allgemeinen Gütergemeinschaft, fallen die Einkünfte beider Eheleute und praktisch das ganze Vermögen ins Gesamtgut. Das gilt auch für Vermögenswerte, die Mann und Frau in die Ehe mitbringen.
- Bei der Errungenschaftsgemeinschaft beschränkt sich das Gesamtgut auf die Errungenschaft à la Errungenschaftsbeteiligung (siehe Seite 77).
- Bei der Ausschlussgemeinschaft können die Eheleute bestimmte Arten von Vermögenswerten dem Eigengut zuweisen, beispielsweise ein Grundstück.

Für alle drei Modelle gilt eine ähnliche Beweisregel wie bei der Errungenschaftsbeteiligung: Wer behauptet, ein Wert gehöre ins Eigengut, muss dies im Streitfall beweisen können. Misslingt der Beweis, werden die strittigen Vermögenswerte dem Gesamtgut zugewiesen.

Eigentlich sollte die Gütergemeinschaft bei der Revision des Eherechts zunächst abgeschafft werden. Doch wenn Sie oder Ihr Ehemann, Ihre Frau Kinder aus einer früheren Beziehung haben, erlaubt Ihnen dieser Güterstand eine bessere erbrechtliche Absicherung des überlebenden Ehepartners. Mehr dazu lesen Sie im Kapitel «Füreinander vorsorgen» (Seite 188).

Was ist besonders bei der Gütergemeinschaft?

Bei der Gütergemeinschaft gibt es ein Gesamtgut, über das Mann und Frau grundsätzlich nur gemeinsam verfügen können. So ist der Verkauf des Autos, das zum Gesamtgut gehört, nur möglich, wenn beide Eheleute einverstanden sind. Gibt eine Seite die Zustimmung nicht, kann auch das Gericht nicht für oder gegen den Verkauf entscheiden. Als Ausweg bleibt dann nur, die Gütertrennung zu verlangen (siehe Seite 93). Dabei kommt es zur güterrechtlichen Auseinandersetzung und der umstrittene Gegenstand wird entweder einer Seite zugeteilt (gegen Entschädigung) oder er wird verkauft und der Erlös wird geteilt.

Auch eine Erbschaft, die ins Gesamtgut fällt, kann der Ehemann nur ausschlagen, wenn seine Frau zustimmt. Und eine überschuldete Erbschaft kann er nur annehmen, wenn sie damit einverstanden ist. Erhält er die Zustimmung nicht, kann er in diesem Fall um gerichtliche Genehmigung ersuchen.

Besondere Haftungsregeln Bei der Gütergemeinschaft unterscheidet man zwischen Eigenschulden und Vollschulden. Diese Unterscheidung ist relevant für das Haftungssubstrat, also dafür, welche Vermögenswerte von den Gläubigern gepfändet werden können.

Für Vollschulden (siehe Kasten auf der nächsten Seite) haftet jeder Ehegatte mit seinem Eigengut und dem ganzen Gesamtgut. Für die Eigenschulden haftet jeder Ehegatte mit seinem Eigengut, aber nur der Hälfte des Gesamtguts.

Vollschulden

- Schulden für die alltäglichen Bedürfnisse der Familie
- Schulden, die bei der Verwaltung des Gesamtguts entstehen
- Schulden aus dem Geschäftsbetrieb, wenn dieser zum Gesamtgut gehört oder wenn der Gewinn daraus ins Gesamtgut fällt
- Schulden, für die auch der andere Ehegatte persönlich haftet – ein mitunterzeichneter Kreditvertrag zum Beispiel – oder wenn beide mit dem Gläubiger abgemacht haben, dass das Gesamtgut haftet

Fritz und Gerda L. haben im Ehevertrag abgemacht, dass die Ferienwohnung der Ehefrau zu ihrem Eigengut gehört. Für die Kosten der neuen Heizung in der Ferienwohnung haftet nur Frau L.; es handelt sich um eine Eigenschuld. Von einer Pfändung wäre aber nicht nur ihr Eigengut, sondern auch die Hälfte des Gesamtguts betroffen.

Weil bei allen Varianten der Gütergemeinschaft das Gesamtgut ganz oder teilweise als Haftungssubstrat dient, erhalten bei einer Betreibung immer beide Eheleute einen Zahlungsbefehl (mehr dazu auf Seite 156).

Die güterrechtliche Auseinandersetzung

Wie wird das eheliche Vermögen am Ende der Gütergemeinschaft aufgeteilt? Das Gesetz unterscheidet zwei Situationen:

- Stirbt ein Ehegatte oder vereinbaren die beiden einen andern Güterstand, erhält jede Seite (bzw. die Erben) die Hälfte vom Gesamtgut. Im Ehevertrag lässt sich ein anderer Verteilschlüssel vereinbaren, aber es dürfen damit nicht die Pflichtteile der Nachkommen umgangen werden (mehr zur erbrechtlichen Begünstigung auf Seite 186).
- Anders bei einer Scheidung. Dann werden alle Vermögenswerte, die bei der Errungenschaftsbeteiligung Eigengut wären, als Eigengut behandelt. Nur der Rest des Gesamtguts wird hälftig geteilt. Die Abrechnung führt also zum selben Resultat, wie wenn die

Eheleute von Anfang an die Errungenschaftsbeteiligung beibehalten hätten. Auch hier kann man im Ehevertrag einen andern Teilungsschlüssel abmachen.

Hannes und Selina F. haben im Ehevertrag folgende Klausel: «Im Todesfall erhält der überlebende Ehegatte das ganze Gesamtgut. Wird der Güterstand durch Scheidung aufgelöst, erhält die Ehefrau in Abweichung von Artikel 242 Absatz 2 ZGB einen Drittel, der Ehemann zwei Drittel des Gesamtguts. In den übrigen Fällen gelten die gesetzlichen Vorschriften.»

Die Gütertrennung

Eheleute können im Ehevertrag auch die Gütertrennung wählen. Zudem kann das Gericht in gewissen Situationen bestimmen, dass in einer Ehe die Gütertrennung als sogenannter ausserordentlicher Güterstand gelten soll.

Mit der Gütertrennung bleibt auch nach der Heirat vermögensrechtlich «alles beim Alten». Jede Seite ist Alleineigentümerin ihrer Vermögenswerte und muss bei der Auflösung der Ehe nichts mit der Partnerin, dem Partner teilen. Beide Eheleute nutzen und verwalten ihr Einkommen und Vermögen je selber. Wie bei den andern Güterständen gelten aber Einschränkungen hinsichtlich der Familienwohnung und beide Eheleute haben eine eheliche Beistandspflicht (siehe Seite 29 und 49).

Wann ist die Gütertrennung sinnvoll?

Dass die Gütertrennung keinen Einfluss auf die Schuldenhaftung, die eheliche Beistandspflicht oder die Teilung des Pensionskassenkapitals bei einer Scheidung hat, wissen Sie bereits (siehe Seite 71). Empfehlenswert ist eine Gütertrennung, wenn Sie und Ihre Partnerin, Ihr Partner explizit keine Beteiligung am wirtschaftlichen Erfolg der andern Seite wollen.

Nadja E. verdient das Doppelte von Ehemann Noudur. Sollte es zu einer Scheidung kommen, will Noudur nicht von den Ersparnissen seiner Frau profitieren.

Auch für eine optimale erbrechtlichen Vorsorge in besonderen Fällen kann die Gütertrennung hilfreich sein.

Ernst T. und Bettina J. heiraten, als sie beide bereits im Rentenalter sind. Finanziell sind sie nicht aufeinander angewiesen. Im Todesfall sollen nur die eigenen Kinder erben. Die beiden entschliessen sich für die Gütertrennung und einen Erbverzicht.

Achtung: Nicht zu empfehlen ist die Gütertrennung für den nicht erwerbstätigen Hausmann oder die Hausfrau mit nur geringem Nebenerwerb. Bei einer Scheidung könnten sie von der Errungenschaft der andern Seite nicht profitieren.

Die güterrechtliche Auseinandersetzung

Bei der Gütertrennung gibt es bei Auflösung des Güterstands gar nichts zu teilen. Auch an den während der Ehe geäufneten Ersparnissen des Partners, der Partnerin ist man nicht beteiligt. Und natürlich trägt auch jede Seite ihre Schulden selber.

Denkbar ist aber, dass ein Ehegatte ins Vermögen des andern investiert hat. Dann hat er eine entsprechende Ersatzforderung zugut. Anders als bei der Errungenschaftsbeteiligung und der Gütergemeinschaft sieht das Gesetz jedoch keine Mehrwertbeteiligung vor. Das müssten die Eheleute vertraglich vereinbart haben.

Wurde Vermögen vermischt oder ist strittig, wer Eigentümer einzelner Vermögenswerte ist, wird auch bei der Gütertrennung Miteigentum beider Eheleute angenommen. Können sich Frau und Mann dann nicht einigen, wer die Vermögenswerte zu Alleineigentum übernimmt, muss das Gericht entscheiden: Wie bei der Errungenschaftsbeteiligung kann das Alleineigentum derjenigen Seite zugewiesen werden, die ein überwiegendes Interesse am umstrittenen Gegenstand nachweist – selbstverständlich gegen Entschädigung der andern (siehe Seite 76).

Ausserordentlicher Güterstand

In folgenden Fällen kann das Eheschutzgericht die Gütertrennung aussprechen:

— Auf Antrag eines Ehegatten, wenn der andere die Auskunft über sein Einkommen und Vermögen verweigert. Oder wenn eine Seite die wirtschaftlichen Interessen der andern bzw. der Familie gefährdet; wenn ein Ehegatte die Scheidung herauszögert, um von der Errungenschaft des andern zu profitieren; wenn ein Ehegatte seine Errungenschaft verschleudert oder Vermögenswerte beiseite schaffen will

— Bei Gütergemeinschaft, wenn das Gesamtgut gepfändet wird oder wenn ein Ehegatte in Konkurs fällt

— Bei gerichtlicher Trennung (Art. 117 ZGB)

Getrennt lebende Eheleute rechnen oft schon vor der Scheidung über das eheliche Vermögen ab. Dagegen ist nichts einzuwenden. Allerdings entsteht dadurch keine Gütertrennung. Streng genommen wird bis zur Einreichung der Scheidung bei Gericht immer noch Errungenschaft gebildet. Verzichten dann beide Eheleute auf die Aufteilung dieses Geldes, gut so. Wer sich nicht auf Fairplay des andern verlassen will, muss die Gütertrennung während der Trennungszeit in einem Ehevertrag vereinbaren oder vom Gericht anordnen lassen.

Die eheliche Liegenschaft

Das eigene Haus im Grünen ist für viele Ehepaare Sparziel Nummer eins. Und oft beteiligen sich beide an der Finanzierung. Worauf muss man dann achten?

Wer Eigentümer eines Hauses oder einer Eigentumswohnung ist, wird im Grundbuch eingetragen. Hat ein Ehepaar die Liegenschaft gemeinsam finanziert, können sie daran entweder Miteigentum oder Gesamteigentum haben. Der Unterschied: Beim Miteigentum werden die Anteile von Frau und Mann im Grundbuch eingetragen. Beim Gesamteigentum geht das nicht; die Eheleute können aber ihre Quoten vertraglich festhalten. Wollen sie daran etwas ändern, ist das jederzeit möglich. Beim Miteigentum ist dafür ein kostenpflichtiger Nachtrag im Grundbuch nötig.

Im Alltag spielt es keine Rolle, ob Sie für Ihre gemeinsame Liegenschaft Gesamt- oder Miteigentum wählen. Bei beiden Varianten dürfen Sie für die Finanzierung Pensionskassenguthaben einsetzen und bei beiden Varianten gilt, dass kein Ehegatte ohne den andern die Liegenschaft bzw. den eigenen Anteil daran veräussern kann.

Jeder Ehegatte kann auch alleiniger Eigentümer einer Liegenschaft sein. Durch die Heirat entsteht kein gemeinsames Eigentum an der Liegenschaft des andern. Einzige Ausnahme: Wenn Sie und Ihr Partner, Ihre Partnerin im Ehevertrag die allgemeine Gütergemeinschaft gewählt haben. Dann fällt Wohneigentum, das Sie in die Ehe mitbringen, ins Gesamtgut. Die Änderung im Grundbuch kann jeder von Ihnen beim Grundbuchamt anmelden.

Alleineigentum oder gemeinsames Eigentum?

Oft kaufen Eheleute ihr Eigenheim gemeinsam und im Grundbuch wird Miteigentum je zur Hälfte eingetragen. Dies, obwohl die finanziellen Beiträge von Mann und Frau selten gleich hoch sind. «Das haben wir halt einfach so gemacht», heisst es jeweils am Beratungstelefon des Beobachters. Bei einer Scheidung oder bei einer Teilung mit Erben spielt es dann aber plötzlich eine Rolle, wie hoch die eigenen Beiträge an der Liegenschaft waren. Entsprechen sie nicht den Angaben im Grundbuch, ist Streit programmiert.

Bei Miteigentum empfiehlt es sich deshalb, die Anteile gemäss den effektiven Beiträgen im Grundbuch eintragen zu lassen. Beim Gesamteigentum können Sie Ihre Anteile vertraglich festhalten.

Haben Sie im Grundbuch bereits Miteigentum zur Hälfte eintragen lassen, obwohl Sie und Ihr Mann, Ihre Frau unterschiedliche Beträge an die Finanzierung beigesteuert haben? Wenn damit keine Schenkung des überwiegend Finanzierenden beabsichtigt ist, halten Sie am besten schriftlich fest, dass sein Anteil als Darlehen oder als

Vorschuss im Hinblick auf eine spätere güterrechtliche Auseinandersetzung zu verstehen ist. Das Darlehen lässt sich mit einem Schuldbrief absichern.

Mira und Ueli D. sind im Grundbuch als Miteigentümer ihrer Wohnung je zur Hälfte eingetragen. Frau D. hat aber 100 000 Franken, ihr Mann 50 000 Franken Eigenkapital eingebracht. Schriftlich vereinbaren die beiden, dass Ueli seinen fehlenden Anteil von 25 000 Franken von Mira als unverzinsliches Darlehen erhalten hat (siehe Kasten).

Im Übrigen müssen nicht zwingend beide Eheleute Eigentümer sein. Wenn der Ehemann Alleineigentümer ist, kann sich die Frau trotzdem finanziell engagieren – zum Beispiel mit einem privaten Darlehen. Zusätzlich können Sie das Darlehen mit einem Schuldbrief auf das Eigenheim absichern.

Formulierung: Darlehen für Wohneigentum

Bei Miteigentum

«Mira und Ueli D. sind im Grundbuch als Miteigentümer je zur Hälfte der Liegenschaft Rautiweg 2 in 8400 Winterthur eingetragen. Wir halten fest, dass Mira ihrem Ehemann Ueli für die Finanzierung seines Miteigentumsanteils 25 000 Franken als Darlehen gewährt hat. Das Darlehen ist nicht zu verzinsen und ist unkündbar, solange die Eheleute die Liegenschaft gemeinsam bewohnen. Im Trennungsfall gilt eine Kündigungsfrist von zwölf Monaten.»

Bei Alleineigentum

«Norbert W. kauft die Liegenschaft an der Goldstrasse 7 in 8400 Winterthur und lässt sich als Alleineigentümer im Grundbuch eintragen. Seine Ehefrau Martina W. gewährt ihm für den Kauf der Liegenschaft ein Darlehen in der Höhe von 70 000 Franken. Das Darlehen ist nicht zu verzinsen und ist unkündbar, solange die Eheleute die Liegenschaft gemeinsam bewohnen. Im Trennungsfall gilt eine Kündigungsfrist von zwölf Monaten.
Als Sicherheit erhält Martina von Norbert einen Inhaberschuldbrief im zweiten Rang in der Höhe von 70 000 Franken.»

Stichwort: Schuldbrief

Weil man die Liegenschaft nicht selber als Sicherheit für ein Darlehen übergeben kann, gibt es die Möglichkeit, das Grundstück sozusagen durch ein Dokument zu ersetzen: durch einen Schuldbrief. Jeder Schuldbrief hat einen bestimmten Rang, der im Grundbuch festgehalten ist. Wer einen Schuldbrief im ersten Rang besitzt, steht bei einer allfälligen Zwangsverwertung an erster Stelle, kommt also am ehesten zu seinem Geld. Der erste Rang ist allerdings in der Regel von der Hypothekarbank besetzt; private Schuldbriefe stehen deshalb meist im zweiten Rang.

Steuert eine Seite nur wenig oder gar keine Eigenmittel zum Eigenheim bei, empfehlen Fachleute eher die Variante Alleineigentum. Lassen Sie sich dann nicht von Aussagen Ihres Notars wie: «Bei uns macht man das immer so», zum Eintrag von Miteigentum je zur Hälfte drängen.

Regeln für die Familienwohnung

Manchmal sind es romantische Motive, die Eheleute dazu bewegen, gemeinsames Eigentum am Eigenheim eintragen zu lassen. Andere wollen sich oder die Partnerin, den Partner absichern. Das ist allerdings in den meisten Fällen gar nicht nötig. Das Gesetz sieht mehrere Schutzmassnahmen vor. So kann auch ein Alleineigentümer die Familienwohnung ohne Einwilligung seiner Ehefrau weder verkaufen noch vermieten.

Trennung und Scheidung Bei einer Trennung bestimmt im Streitfall das Gericht, wer vorläufig im Eigenheim bleiben darf. Die Richterin weist das Haus oder die Wohnung derjenigen Seite zur Alleinbenützung zu, der sie besser dient. Wer Eigentümer ist, spielt ebenso wenig eine Rolle wie, wer Schuld am Scheitern der Ehe hat. Sind Kinder da, wird das Eigenheim meist dem Elternteil zugeteilt, der sie nach der Trennung betreut. Hat das Ehepaar keine Kinder oder sind diese schon ausgeflogen, können gesundheitliche oder berufliche Gründe ausschlaggebend sein.

Unter den gleichen Voraussetzungen kann das Scheidungsgericht einem Ehegatten an der Wohnung, die dem andern gehört, für die Zeit nach der Scheidung ein befristetes Wohnrecht einräumen. Der Eigentümer erhält dafür entweder eine angemessene Entschädigung oder er kann die Leistung mit den Unterhaltsbeiträgen verrechnen. Das Eigentum an der ehelichen Liegenschaft kann aber nicht gegen den Willen des Alleineigentümers auf die Exfrau oder den Exmann übertragen werden.

Und im Todesfall? Auch wenn die Familienwohnung zum Beispiel dem Ehemann gehört und er stirbt, ist die Witwe gegenüber den Miterben im Vorteil. Sie kann die Nutzniessung oder das Alleineigentum an der Liegenschaft beanspruchen – der Wert wird mit den güter- und erbrechtlichen Ansprüchen verrechnet. Das ist nur dann anders, wenn der verstorbene Ehegatte in der Liegenschaft geschäftlich tätig war und ein Nachkomme die Räumlichkeiten zur Weiterführung des Geschäfts benötigt.

Unabhängig davon können Sie auch mit einer Teilungsvorschrift im Ehe- und im Erbvertrag oder Testament sicherstellen, dass die hinterbliebene Seite auf jeden Fall das Eigentum an der ehelichen Liegenschaft erhält (siehe unten stehenden Kasten). Bei einem Bauernhof allerdings können Sie die Kinder nicht gegen deren Willen ausschliessen.

Entspricht dieser gesetzliche Schutz Ihren Bedürfnissen, braucht es also nicht zwingend gemeinschaftliches Eigentum zu sein. Aber Achtung: Das alles gilt nur für die Familienwohnung.

Formulierung: Teilungsvorschrift im Testament

«Meine Ehefrau Trudi hat das Recht, die Eigentumswohnung an der Blüemlistrasse 12, 7078 Lenzerheide, in Anrechnung an ihre güter- und erbrechtlichen Ansprüche zu Alleineigentum zu übernehmen.»

Die Kinder

«Kinder sind eine Bereicherung fürs Leben.» 84 Prozent der Befragten beim Beobachter-Familienmonitor 2008 stimmten dieser Aussage zu. Sind auch Sie startklar fürs Abenteuer Familie? In diesem Kapitel finden Sie die wichtigsten rechtlichen und organisatorischen Aspekte für die neue Lebensphase.

4

Eltern werden

Viele Paare heiraten, wenn sich das erste Kind ankündigt. Weil dann die rechtlichen Aspekte des Lebens zu dritt gesetzlich geregelt sind. Doch wie wird der praktische Alltag sein? Bestimmt haben Ihnen verschiedene Leute aus Ihrem Bekanntenkreis schon prophezeit, dass das Kind Ihr Leben auf den Kopf stellen wird. Und Sie haben sich darauf eingestellt, dass alles neu sein wird.

Haben Sie sich zum Beispiel Gedanken über die Rollenverteilung gemacht und sich vorgenommen, Ihrer Paarbeziehung genügend Zeit zu widmen? Ist das erste Kind geboren, wird die Frau zur Mutter, der Mann zum Vater und das Liebespaar wird Eltern. Ein bisschen viel aufs Mal! Oft überschäumen die Emotionen und es herrscht ein Chaos an Emotionen. Glücksgefühle mischen sich mit Zweifeln und Ängsten. Geniessen Sie Ihr Glück, heulen Sie ruhig los vor lauter Freude! Lassen Sie aber auch den Zweifeln und Ängsten Raum. Diese zu haben, ist ganz normal. Schliesslich ist die Gründung einer Familie mit Sicherheit das grösste Projekt in Ihrem Leben.

Die Paarbeziehung pflegen

Tritt ein Kind in Ihr Leben als Paar, wird vieles über den Haufen geworfen, gerade im Beziehungsalltag. Doch wie ein guter Freundeskreis will auch die Paarbeziehung gepflegt sein. Sind Kinder da, gilt dies erst recht. Holen Sie sich ruhig Hilfe: Elternkurse oder nur schon der Austausch mit andern Familien können wertvolle Anregungen vermitteln.

Schaffen Sie sich Zeitinseln, wo Sie wieder nur zu zweit sein dürfen. Das hält die Beziehung lebendig und ist gar nicht so schwer zu organisieren: Sie können sich zum Beispiel mit Eltern aus der Nachbarschaft absprechen und abwechslungsweise einen Abend pro Woche die Kinder hüten. Der Götti, die Grosseltern oder eine gute Freundin übernehmen ab und zu einen Abend oder ein Wochenende. Für eine stundenweise Betreuung sind auch Babysitter eine gute Lösung.

Viele Jugendliche haben im Babysitterkurs beim Schweizerischen Roten Kreuz die Grundlagen der Kleinkinderbetreuung erlernt. Adressen erhalten Sie bei einigen Sektionen des Roten Kreuzes, einer Familienberatungsstelle oder von andern Eltern.

Elternkurse In den Säuglingskurs geht man, das ist Standard. In Elternbildungszentren lässt sich aber nicht nur Babywickeln lernen. Es gibt eine Vielzahl von Angeboten: Kurse über Erziehung, Ernährung, die Entwicklung des Kindes – und Kurse, in denen die Eltern lernen, wie sie mit ihrer neuen Lebenssituation umgehen können. Im Internet unter www.elternbildung.ch finden Sie die ganze Palette.

Die Rollen verteilen

Bestimmt haben Sie während der Schwangerschaft diskutiert, welches Rollenmodell Sie als Familie leben wollen. Bei unseren Grosseltern und Eltern war der Idealfall klar: Der Mann bringt das Geld heim, die Frau kümmert sich um den Haushalt und erzieht die Kinder. Heute wollen viele berufstätige Mütter erwerbstätig bleiben und viele Väter möchten nicht nur die Ernährerrolle spielen. Wie finden Sie die ideale Rollenverteilung für Ihre Familie? Am besten gehen Sie beide in einem ersten Schritt von Ihren eigenen Wunschvorstellungen aus. In einem zweiten Schritt vergleichen Sie die Ergebnisse. Decken sich Ihre Vorstellungen? Wenn nicht, gibt es Diskussionsbedarf.

Und seien wir ehrlich: Beim Entscheid, ob und in welchem Umfang werdende Eltern ihre Erwerbsarbeit zugunsten der Familie reduzieren, spielen die ökonomischen Rahmenbedingungen eine wichtige Rolle. Teilzeitarbeit wird nicht in jedem Betrieb toleriert. Ausserdem zieht ein verändertes Pensum nicht nur eine Einbusse beim Lohn und der sozialen Absicherung nach sich, sondern mindert oft auch die Karrierechancen. Auf der andern Seite kommen heute viele Familien mit nur einem Gehalt kaum mehr über die Runden.

Die neuen Väter? Die kleinen Kinder von Hollywood-Traumpaar Catherine Zeta-Jones und Michael Douglas antworteten auf die Frage, was denn ihre Eltern so machen: «Mami macht Filme und Papa

So überzeugen Sie Ihren Chef von Teilzeitarbeit

- Suchen Sie Vorbilder: Gibt es im Unternehmen schon Arbeitszeitmodelle, auf die Sie verweisen können?
- Bringen Sie konkrete Ideen ein: Wie lässt sich Ihre Arbeit in sinnvolle Portionen einteilen? Welchen Teil Ihrer Aufgaben könnten Sie abgeben?
- Beraten Sie sich mit Kolleginnen und Kollegen: Könnte jemand einzelne Bereiche von Ihnen übernehmen?
- Treten Sie selbstbewusst auf. Sie unterbreiten ein Angebot, das auch dem Unternehmen Vorteile bringt: Höhere Motivation, weniger Krankheitsausfälle und ein besseres Betriebsklima sind bekannte Pluspunkte bei Teilzeitlern.
- Zeigen Sie sich auch kompromissfähig: Vereinbaren Sie zum Beispiel eine Probezeit für das neue Arbeitsmodell. Erklären Sie sich einverstanden, in Notfällen telefonisch zur Verfügung zu stehen.

Pfannkuchen.» Papa Michael kann sich die Rolle als Haus- und Familienmann natürlich leisten. Laut Umfragen möchten heute viele Väter mehr Zeit mit ihren Kindern verbringen. Es ist nun mal was anderes, wenn man den Alltag mit all seinen Höhen und Tiefen zusammen erlebt, als wenn es Papa gerade noch zum Gutenachtkuss reicht.

In der Praxis sieht es aber noch nicht so rosig aus: Nur jeder neunte Mann arbeitet Teilzeit und dies meist nicht aus familiären Gründen. Laut einer Studie des Marie Meierhofer Instituts für das Kind arbeitet ein Viertel aller Väter von einjährigen Kindern mehr als 50 Stunden pro Woche. Sind die Kinder fünf Jahre alt, ist bereits ein Drittel der Väter im Beruf so intensiv engagiert.

Mütter zwischen Kind und Karriere Fast 80 Prozent aller Frauen in der Schweiz zwischen 25 und 54 Jahren sind erwerbstätig. Das heisst, nur wenige Frauen entscheiden sich für das Leben als klassische Hausfrau, die Kinder bekommt, den Beruf an den Nagel hängt und nie wieder aufnimmt. Die grosse Mehrheit legt für eine gewisse Zeit eine Baby- oder Kleinkindpause ein oder steigt gar nie ganz aus, sondern arbeitet nach dem Mutterschaftsurlaub mit einem Teilzeitpensum weiter.

Die Fachstelle UND berät Paare dabei, wie sich Familien- und Berufsarbeit für Männer und Frauen organisieren lässt. Die regionalen Kontaktstellen finden Sie unter www.und-online.ch.

Schwangere und Mütter am Arbeitsplatz

Das Arbeitsgesetz enthält viele Schutzbestimmungen zugunsten werdender Mütter. Schwangere dürfen zum Beispiel keine Überstundenarbeit leisten, und ab acht Wochen vor der Geburt ist auch die Abend- und Nachtarbeit verboten. Damit ist um 20 Uhr spätestens Feierabend. Bestimmte beschwerliche oder gefährliche Arbeiten sind nicht mehr erlaubt. Der Arbeitgeber muss einer schwangeren Frau eine gleichwertige Ersatzarbeit zuweisen. Andernfalls darf sie zu Hause bleiben und erhält 80 Prozent des Lohnes. Besondere Regelungen gibt es auch für Frauen, die stehend arbeiten.

Lohnfortzahlung bei Abwesenheit Die Dauer der Lohnfortzahlung ist abhängig von den Dienstjahren. Wer im ersten Dienstjahr ist, erhält bei Absenzen wegen Krankheit oder Schwangerschaftsbeschwerden nur während drei Wochen den Lohn bezahlt. Danach erhöht sich der Anspruch mit jedem Dienstjahr. Bessere Lösungen sind für die Unternehmen freiwillig (mehr dazu auf Seite 173).

Kündigungsschutz Während der Schwangerschaft und bis 16 Wochen nach der Geburt darf der Arbeitgeber nicht kündigen. Eine trotzdem ausgesprochene Kündigung ist ungültig. Will der Arbeitgeber daran festhalten, muss er nach Ablauf der Sperrfrist erneut kündigen und wieder die ganze Kündigungsfrist einhalten. Werden Sie schwanger, nachdem Sie die Kündigung erhalten haben, wird die Kündigungsfrist bis 16 Wochen nach der Geburt unterbrochen und läuft dann weiter. Achtung: Dieser Schutz gilt erst nach Ablauf der Probezeit.

Vertragsauflösungen im gegenseitigen Einvernehmen sind möglich. Schwangere und Mütter dürfen jederzeit unter Einhaltung der Kündigungsfrist kündigen. Lassen Sie sich aber vom Arbeitgeber nicht zu einer «freiwilligen» Kündigung drängen!

Beim Staatssekretariat für Wirtschaft können Sie kostenlos eine ausführliche Broschüre zum Mutterschaftsschutz bestellen. Die Bestelladresse finden Sie im Anhang.

Der Mutterschaftsurlaub Arbeitnehmerinnen dürfen laut Arbeitsgesetz nach der Geburt während acht Wochen nicht beschäftigt werden. Mütter, die nach Ablauf dieser Frist noch nicht arbeiten möchten, können bis sechzehn Wochen nach der Geburt zu Hause bleiben.

Ab der Geburt haben Arbeitnehmerinnen und selbständig erwerbstätige Frauen Anspruch auf 14 Wochen bezahlten Mutterschaftsurlaub. Die Mutterschaftsentschädigung wird als Taggeld ausgerichtet. Sie beträgt 80 Prozent des durchschnittlichen Erwerbseinkommens, höchstens aber 172 Franken pro Tag (5160 Franken im Monat). Vertragliche Regelungen können eine grosszügigere Mutterschaftsentschädigung vorsehen.

Vor der Geburt gibt es noch keinen Mutterschaftsurlaub. Schwangere dürfen aber jederzeit zu Hause bleiben. Im Gegenzug muss der Arbeitgeber keinen Lohn bezahlen. Ausnahme: bei Absenzen aus gesundheitlichen Gründen.

Bei jeder AHV-Zweigstelle oder unter www.ahv.ch können Sie ein ausführliches Merkblatt zur Mutterschaftsentschädigung beziehen.

Name und Bürgerrecht des Kindes

Sind die Eltern miteinander verheiratet, erhält das Kind ihren Familiennamen. Heiraten die Eltern erst nach der Geburt des Kindes, trägt es bis zur Heirat den Namen der Mutter und wechselt dann zum Familiennamen seiner Eltern.

Das kann zu Problemen führen, wenn die Heirat erst viele Jahre nach der Geburt stattfindet. Ist das Kind dann schon erwachsen, möchte es womöglich den bisherigen Namen behalten. Dafür ist ein Namensänderungsgesuch bei der Regierung des Wohnsitzkantons nötig und dieses wird nur bewilligt, wenn wichtige Gründe vorliegen.

Um unnötige Kosten zu vermeiden, fragen Sie am besten zuerst informell bei der zuständigen Stelle nach, ob ein Namensänderungsgesuch Chancen hätte.

Das Bürgerecht des Kindes Das Kind verheirateter Eltern erhält das Kantons- und Gemeindebürgerrecht des Vaters. Sind die Eltern noch nicht miteinander verheiratet, erhält es dasjenige der Mutter. Heiraten die Eltern nach der Geburt, wechselt das Kind vom Bürgerrecht der Mutter zum Bürgerrecht des Vaters. Das Kind erhält immer den Schweizer Pass, wenn entweder Vater oder Mutter die Schweizer Staatsbürgerschaft haben. Sind beide Eltern Ausländer, gilt deren Heimatrecht. Ihr Kind wird also durch eine Geburt in der Schweiz nicht automatisch zum Schweizer Staatsbürger.

Die Versicherungen fürs Kind

Obligatorisch ist nur die Versicherung bei einer Krankenkasse. Sie können Ihr Kind schon vor der Geburt anmelden, spätestens drei Monate danach muss die Anmeldung gemacht sein. Die Kasse muss auch kranke Kinder ohne Vorbehalt in die Grundversicherung aufnehmen. Eine Zusatzversicherung brauchen Sie nur, wenn Sie die freie Arztwahl oder die Kostenübernahme für komplementärmedizinische Behandlung wünschen.

Ist die Mutter nach der Geburt auf der privaten oder halbprivaten Abteilung untergebracht, sollten Sie unbedingt vor der Geburt klären, wie die Krankenkasse in diesem Fall für das Neugeborene abrechnet.

Sinnvoll ist eine Zusatzversicherung für Zahnstellungskorrekturen. Diese Versicherung schliessen Sie am besten kurz nach der Geburt ab. Ist nämlich bereits eine Fehlstellung der Zähne ersichtlich, wird die Krankenkasse den Antrag ablehnen.

Wird ein Kind invalid, ist es nur über die staatliche Invalidenversicherung abgedeckt. Diese übernimmt unter Umständen nicht alle anfallenden Kosten. Die Lücke lässt sich mit einer Zusatzversicherung bei der Krankenkasse oder bei einem Privatversicherer schliessen.

Haftpflicht und Hausrat Die meisten Ehepaare haben bereits eine Privathaftpflichtversicherung, die für Schäden aufkommt, die man einer Drittperson zufügt. Wenn Sie noch keine solche Versicherung haben, sollten Sie nun eine Police für alle Familienmitglieder abschliessen. Sind Sie bereit versichert, prüfen Sie, ob das Kind mit eingeschlossen ist oder eine Anpassung der Police nötig wird. Gedeckt sind damit nicht nur Schäden, für die die Eltern oder das Kind haften. Je nach Police übernehmen die Versicherer auch freiwillig Schäden, die von Kleinkindern verursacht werden und für die Sie als Eltern eigentlich nicht haften (mehr dazu auf Seite 116).

Die Geburt eines Kindes zieht manchmal teure Anschaffungen nach sich. Unter Umständen wechseln die Eltern sogar in eine grössere Wohnung. Denken Sie dann auch daran, die Versicherungssumme für Ihren Hausrat anzupassen. Sonst riskieren Sie im Schadensfall eine ungenügende Deckung.

Ist es meins?

Wird Ihr Kind nach der Heirat geboren, gilt immer der Ehemann als Vater. Dieser gesetzliche Mechanismus will die Familie schützen. Was, wenn die gesetzliche Annahme nicht stimmt? Die Vaterschaft anfechten können nur der Ehemann und das Kind, nicht aber die Mutter oder der biologische Vater. Entscheidet sich also der Ehemann, das Kuckuckskind als sein eigenes anzunehmen, bleibt das Kleine rechtlich sein Kind.

Will der Ehemann dies nicht, muss er spätestens innert fünf Jahren seit der Geburt die Vaterschaft gerichtlich anfechten. Verpasst er diese Frist, ist eine Klage nur noch möglich, wenn die Verspätung aus wichtigen Gründen entschuldbar ist. Zum Beispiel wenn der Ehemann lange Zeit keinen Anlass hat, an seiner Vaterschaft zu zweifeln, und erst später erfährt, dass er nicht der biologische Vater ist (BGE 132 III 1).

Vaterschaftstest Manchmal wollen die Eltern es gar nicht wirklich wissen und verzichten auf einen Gentest. Wer einen Test möchte, muss bis nach der Geburt des Babys zuwarten. Ein Vaterschaftstest bei einem Institut für Rechtsmedizin (Basel, Bern, Genf, Lausanne,

St. Gallen und Zürich) kostet 1500 Franken. Private Labors sind günstiger, doch nicht alle privaten Tests werden als Beweismittel vor Gericht zugelassen.

Achtung: Private Vaterschaftstests sind nur mit dem Einverständnis aller Beteiligten erlaubt. Andernfalls drohen Busse bis 40 000 Franken und bis drei Jahre Gefängnis.

Beim Institut für Rechtsmedizin der Universität Zürich-Irchel ist eine ausführliche Broschüre zum Thema Vaterschaftstest erhältlich (Adresse im Anhang und unter www.irm.unizh.ch).

Künstliche Befruchtung und Adoption

Eltern werden ist nicht schwer ... Manchmal will es aber einfach nicht klappen. Dann kann eine medizinisch unterstützte Befruchtung Ihren Wunsch vielleicht erfüllen. Oder Sie entscheiden sich für eine Adoption.

Die medizinisch unterstützte Fortpflanzung Bleibt ein Ehepaar ungewollt kinderlos, denken manche an medizinische Unterstützung. Die Palette der Möglichkeiten reicht von der Hormonbehandlung über die In-vitro-Fertilisation (Befruchtung ausserhalb des Körpers) bis zur Samenspende. Die rechtlichen Aspekte sind im Fortpflanzungsmedizingesetz festgelegt. Danach dürfen Fortpflanzungsverfahren nur bei Paaren zur Anwendung kommen, deren Kinderlosigkeit nicht mit andern Massnahmen zu beheben ist. Zudem muss ein Paar das Kindeswohl gewährleisten, das heisst, ein Umfeld bieten, in dem das Kind behütet aufwachsen kann. Verboten sind die Ei- und die Embryonenspende sowie die Leihmutterschaft.

Die Kosten für die meisten Verfahren müssen die Paare selber tragen. Je nach Behandlungsart und Aufwand ist mit bis zu 30 000 Franken zu rechnen.

Interessierte Ehepaare können sich in einem Kinderwunschzentrum beraten lassen. Adressen sowie weitere Informationen zum Thema finden Sie im Internet unter www.swissmom.ch und www.kinderwunsch.ch.

Die Adoption Ehepaare dürfen ein Kind adoptieren, wenn sie entweder seit fünf Jahren verheiratet oder wenn beide mindestens 35 Jahre alt sind. Der Altersunterschied zum Kind muss im Minimum 16 Jahre betragen. Die leiblichen Eltern müssen der Adoption zustimmen; ist das Kind bereits urteilsfähig – ab etwa zwölf Jahren –, ist auch seine Zustimmung nötig.

Da in der Schweiz kaum Kinder zur Adoption freigegeben werden, suchen Adoptionswillige in der Regel ein ausländisches Kind. Zum Schutz vor Missbräuchen gibt es dabei weitere Regeln zu beachten. Insbesondere benötigen Sie zuerst eine Bewilligung der Zentralbehörde für Adoption Ihres Wohnsitzkantons, bevor Sie ein Kind bei sich aufnehmen können. Bei dieser Stelle erhalten Sie auch Informationsmaterial, individuelle Beratung sowie die Adressen der behördlich anerkannten Adoptionsvermittlungsstellen in der Schweiz.

Verzichten Sie darauf, auf eigene Faust – etwa via Internet – ein Kind zu suchen, und versuchen Sie auch nicht, die strengen Voraussetzungen des Schweizer Adoptionsgesetzes mithilfe zweifelhafter Vermittler zu umgehen. Sie riskieren, dass Ihnen das Kind weggenommen und auf Ihre Kosten fremdplatziert wird. Zudem hat ein solches Vorgehen auch strafrechtliche Konsequenzen.

Sehr zu empfehlen ist die Lektüre der Broschüre «Adoption von Kindern aus fremden Kulturen». (Bezugsadresse im Anhang und unter www.adoption.ch). Die Adressen der behördlich anerkannten Adoptionsvermittlungsstellen erhalten Sie bei der kantonalen Adoptionsbehörde oder im Internet unter www.bj.admin.ch (→ Themen → Internationale Adoption).

Eltern sein

«Meine Kinder sind das Beste, was mir im Leben je passiert ist. Manchmal hätte ich sie aber auch auf den Mond schiessen können.» Solche Aussagen widerspiegeln die ganze Gefühlspalette, die wohl alle Eltern kennen.

Bekanntlich wirbeln Kinder aber nicht nur das Gefühlsleben ihrer Eltern gelegentlich durcheinander. Kinder zu haben, bringt auch viele Rechtspflichten mit sich. Bis zum 18. Geburtstag sind Sie als Eltern verantwortlich für ihre Pflege und Erziehung. Für den Unterhalt auch länger, bis die Ausbildung abgeschlossen ist.

Die elterliche Sorge

Die elterliche Sorge dauert von der Geburt bis zum 18. Geburtstag des Kindes. Wer das Sorgerecht hat, trägt die elterliche Verantwortung und bestimmt über die wesentlichen Themen im Leben des Sohnes oder der Tochter. Dazu gehören insbesondere:

- Pflege und Schutz des Kindes
- Erziehung und Ausbildung
- gesetzliche Vertretung
- Verwaltung des Kindesvermögens

Verheirateten Eltern steht die elterliche Sorge für ihre Kinder gemeinsam zu. Das bedeutet, dass Mutter und Vater stets gemeinsam über die Kinderbelange entscheiden müssen. Keiner hat im Streitfall den Stichentscheid. Können sich die Eltern zum Beispiel über wichtige Erziehungsfragen oder einen ärztlichen Eingriff partout nicht einigen, muss die Vormundschaftsbehörde entscheiden. Das kommt zum Glück selten vor.

Kinder erziehen

Kinder brauchen nicht nur Ihre Liebe. Damit sie sich geborgen fühlen und sich zu selbständigen, selbstbewussten und sozialen Menschen entwickeln, benötigen sie auch Orientierung, Sicherheit und konsequentes Grenzenziehen. Konsequent bleiben ist manchmal furchtbar anstrengend, gilt es doch, auch Konflikte und Widersprüche zuzulassen. Mit einer guten Erziehung fördern Sie aber die Entwicklung Ihres Kindes, unterstützen sein soziales Lernen und vermitteln ihm verbindliche Werte. Damit Erziehung gelingt, braucht es eine feste Bindung und ein intaktes Vertrauensverhältnis zwischen Eltern und Kind.

Familienberatungsstellen helfen bei der Lösung von Erziehungsproblemen. Unter www.beobachter.ch/beratung finden Mitglieder des Beobachters umfassende Informationen zu Erziehungsthemen und am Beratungstelefon stehen Fachleute für ein persönliches Gespräch zur Verfügung (043 444 54 08). Viele konkrete Tipps finden Sie zudem im Beobachter-Ratgeber «Motivierte Kinder – zufriedene Eltern. Tipps und Ideen zum Spielen, Lernen und Helfen» (www.beobachter.ch/buchshop).

Die Kinderbetreuung organisieren

Viele Eltern können auf die Betreuung von Verwandten zählen. So soll der Einsatz der Grosseltern nach Schätzungen des Forums für Familienfragen beim Bundesamt für Sozialversicherungen einem wirtschaftlichen Wert von zwei Milliarden Franken entsprechen! Doch wenn beide Eltern intensiv berufstätig sind, geht es ohne die Hilfe weiterer Betreuungspersonen nicht. Am weitesten verbreitet ist die Betreuung bei einer Tagesmutter, in einer Kinderkrippe oder im Hort.

Um alle Bedenken gleich von Anfang an zu zerstreuen: Verschiedene Studien belegen, das eine gute familienergänzende Betreuung die Entwicklung des Kindes fördert. Auch brauchen Sie nicht zu befürchten, dass Ihr Kleines sich Ihnen entfremdet. Der Einfluss von Mutter und Vater ist und bleibt der wichtigste für das Kind.

Die Tagesfamilie Tagesmütter – seltener auch Tagesväter – betreuen Ihr Kind im kleinen, familiären Rahmen, meist zusammen mit eigenen Kindern. In der Schweiz gibt es rund 200 Tagesfamilienorganisationen; die meisten Tagesmütter sind einem solchen Verein angeschlossen. Sie werden in einem Kurs auf ihre Aufgabe vorbereitet und auch später in ihrer Arbeit begleitet. Zwischen den Eltern und der Tagesmutter wird ein Vertrag abgeschlossen, der die Entschädigung und die Sozialversicherungsbeiträge regelt.

Die finanzielle Unterstützung dieser Organisationen durch die Gemeinden und Kantone ist sehr unterschiedlich. Entsprechend unterschiedlich fallen die Kosten aus: Laut dem Dachverband Tagesfamilien Schweiz sind es zwischen 4 und 12 Franken pro Stunde und Kind.

Krippe, Hort und Tagesstätte In Krippen und Tagesstätten werden Kinder im Vorschulalter betreut. Geführt werden solche Angebote von verschiedenen Trägerschaften: Gemeinden, Kirchgemeinden, Frauenvereine, private Organisationen oder Firmen. Die Tarife sind meist vom Einkommen der Eltern abhängig. Je mehr die Eltern verdienen, desto teurer wird der Platz. Attraktive Krippen führen oft eine lange Warteliste. Es lohnt sich daher, sich schon vor der Geburt des Kindes um einen Platz zu bewerben.

Kommt Ihr Kind in den Kindergarten, wechselt es von der Krippe zum Hort. Dort betreuen Hortnerinnen und Sozialpädagoginnen die Kinder vor und nach der Schule und unterstützen sie auch bei den Hausaufgaben. Auch die Horttarife sind sehr unterschiedlich und oft von den finanziellen Verhältnissen der Eltern abhängig. Und auch hier muss man sich frühzeitig auf Wartelisten eintragen, damit beim Kindergarteneintritt tatsächlich ein Hortplatz frei ist.

Hilfe bei der Suche nach einer geeigneten Betreuung erhalten Sie bei Ihrer Gemeinde oder im Internet unter www.tagesfamilien.ch, www.kinderkrippen-online.ch und www.liliput.ch.

Mittagstische Ist Ihr Kind schon älter und kann es nach der Schule auch mal allein zu Hause sein, reicht vielleicht ein Mittagstisch als Betreuung. Solche Angebote decken meist die Zeit zwischen frühestens 11 Uhr und 14 Uhr ab. Mittagstische werden von Gemeinden und einzelnen Schulhäusern angeboten, häufig aber auch von Elterngruppen privat organisiert.

Tagesschulen In grösseren Städten gibt es schliesslich vermehrt Tagesschulen, in denen die Kinder über Mittag und nach den Schulstunden betreut werden. Staatliche Tagesschulen sind allerdings immer noch die Ausnahme und private Institutionen sind relativ teuer.

Fragen Sie beim Schulamt frühzeitig nach freien Plätzen. Meist gibt es Wartelisten. Weitere Informationen und Adressen erhalten Sie beim Verein Tagesschulen Schweiz und im Internet unter www.tagesschulen.ch.

Betreuung für Notfälle Wenn Kinder krank werden, können sie weder in die Krippe noch zur Tagesmutter. Was tun, wenn beide Eltern berufstätig sind?

— Der Arbeitgeber muss Ihnen bis zu drei Tage freigeben, damit Sie Ihr krankes Kind betreuen können. Für weitere Tage können Sie dann die Grosseltern oder eine Nachbarin aufbieten.
— Verschiedene Sektionen des Schweizerischen Roten Kreuzes bieten für solche Engpässe einen Kinderhütedienst an. Der Tarif ist abhängig vom Einkommen der Eltern und kantonal unterschiedlich geregelt (Informationen unter www.redcross.ch → Entlastung / Soziale Dienste → Kinderbetreuung zu Hause).

Wann dürfen Kinder Verträge abschliessen?

Die Regel lautet: Unmündige Kinder – also Kinder vor dem 18. Geburtstag – können nur mit Einwilligung ihrer Eltern gültig Rechtsgeschäfte abschliessen. Bestellt Ihr neunjähriger Sohn zum Beispiel ohne Ihre Billigung im Internet Waren, muss der Händler diese grundsätzlich zurücknehmen. Aber keine Regel ohne Ausnahme: Sind die Kinder urteilsfähig, gelten ein paar Besonderheiten:

— Im Rahmen des eigenen Verdienstes oder Taschengelds können Kinder auch ohne ausdrücklichen elterlichen Segen gültig Verträge eingehen. Ihre zehnjährige Tochter kann also am Kiosk mit dem Taschengeld Schleckzeug kaufen. Und der 16-jährige Sohn darf seinen Lehrlingslohn auch gegen Ihren Wunsch in einen MP3-Player investieren.
— Auch Geschenke können Kinder entgegennehmen, wenn damit keine Belastungen verbunden sind. Ihre 14-jährige Tochter darf

Urteilsfähig

Urteilsfähig ist, wer bezüglich eines bestimmten Vorgangs vernünftig handeln kann. Wann das bei Kindern der Fall ist, sagt das Gesetz nicht. Es kommt immer auf die konkreten Umstände an. Ein neunjähriges Kind kann die Konsequenzen beim Kauf eines Kaugummis gewiss schon abschätzen, nicht aber bei einem Piercing. Für die meisten Rechtsgeschäfte sind Kinder erst ab dem 14. Geburtstag urteilsfähig.

sich also vom Götti das teure Mountainbike schenken lassen. Allerdings haben die Eltern das Recht, die Rückgabe von Geschenken anzuordnen.
- Höchstpersönliche Rechte können urteilsfähige Kinder selber ausüben. Darunter versteht man insbesondere Eingriffe am eigenen Körper wie ein Piercing oder eine Tätowierung. Ist das Kind urteilsfähig, entscheidet es auch selbständig über medizinische Behandlungen und die Empfängnisverhütung.

Mehr zu den Rechten und Pflichten von Eltern und ihren Jugendlichen finden Sie im Beobachter-Ratgeber «Jugendliche haben Recht. Freizeit, Freunde, Geld und mehr» (www.beobachter.ch/buchshop).

Das Kindesvermögen

Bis zum 18. Geburtstag verwalten die Eltern den Sparbatzen oder andere Vermögenswerte ihres Kindes. Sie sind dabei zur Sorgfalt verpflichtet und haften dem Kind für allfälligen Schaden. Insbesondere dürfen die Eltern das Kindesvermögen nicht einfach nach ihrem Gutdünken verbrauchen. Nur die Zinsen des Vermögens können sie in der Regel für Unterhalt, Erziehung und Ausbildung des Kindes verwenden.

Müssen die Eltern das Kapital angreifen, benötigen sie dazu die Einwilligung der Vormundschaftsbehörde. Diese Stelle kann im Übrigen die Vermögensverwaltung der Eltern auch kontrollieren, wenn das Vermögen sehr hoch ist oder die persönlichen Verhältnisse der Eltern das nötig machen.

Auf das sogenannte freie Kindesvermögen haben die Eltern keinen Zugriff. Dazu gehören:
- der Arbeitserwerb des Kindes, auch ein Lehrlings- oder Praktikantenlohn. Allerdings braucht es für den Abschluss eines Arbeitsvertrags die Einwilligung der Eltern.
- Schenkungen oder Erbschaften, wenn die schenkende oder verstorbene Person eine Verwaltung durch die Eltern ausgeschlossen hat
- Vermögen, das die Eltern dem Kind für den Betrieb eines eigenen Berufs oder Gewerbes herausgeben

Der 16-jährige Kevin trägt die ganzen Sommerferien über Zeitungen aus. Die Eltern freuen sich, dass ihr Sohn nicht bloss auf der faulen Haut liegt. Weniger begeistert sind sie, als Kevin den Lohn in die neuste Playstation und ein paar Ballergames investiert. Aber der Sohn darf sich mit dem selbst verdienten Geld diesen Wunsch erfüllen.

Wann haften Eltern wirklich für ihre Kinder?

«Eltern haften für ihre Kinder», liest man da und dort auf Warnschildern. Kein Wunder, glauben viele Eltern, dass sie immer für den Unfug ihrer Kinder bezahlen müssen. So arg ist es nicht: Eltern haften für die Schäden ihrer unmündigen Kinder nur, wenn sie diese ungenügend beaufsichtigt oder sie bei gefährlichen Aktivitäten ungenügend aufgeklärt und instruiert haben.

Haftbar wurde zum Beispiel ein Vater, als er seinem 15-jährigen Sohn ein Luftgewehr überliess und dieser beim Spielen einen Spielkameraden so verletzte, dass er ein Auge verlor. Das Bundesgericht befand, dass der Vater seine Pflicht zur Aufsicht und zur Instruktion über die korrekte Bedienung der Waffe vernachlässigt hatte (BGE 100 II 298).

Je älter die Kinder, desto geringer sind die Anforderungen an die Aufsichtspflichten. Einen Zweijährigen dürfen Sie im Prinzip nicht aus den Augen lassen, eine Siebenjährige dagegen wird den Schulweg ohne Ihre Aufsicht meistern. Geht dann unterwegs aus Versehen etwas kaputt, haben Sie keine Aufsichtspflichten verletzt. Im Prinzip haftet niemand und der Geschädigte muss den Schaden selber tragen. Viele Versicherer zahlen aber unter dem Titel «Wunschhaftung» trotzdem. Ob das bei Ihnen der Fall ist, sehen Sie in den allgemeinen Versicherungsbedingungen Ihrer Familienhaftpflichtpolice.

Ist Ihr Kind urteilsfähig und verursacht es absichtlich oder fahrlässig einen Schaden, haftet es selber. Geht bei einer Schnellballschlacht auf dem Pausenplatz zum Beispiel ein Fenster in die Brüche, sind Sie nicht haftbar, Ihr zwölfjähriger Lausbub aber schon. Zum

Glück deckt die Haftpflichtversicherung der Eltern in der Regel solche Schäden.

Wer für einen Schaden haftet, muss mit seinem Einkommen und Vermögen dafür geradestehen. Wenn nur das Kind haftet, die Eltern aber nicht, können die Gläubiger die Deckung ihres Schadens nur aus dem Kindesvermögen durchsetzen. Das Einkommen und Vermögen der Eltern ist rechtlich tabu.

Was gilt, wenn die Eltern sterben?

Sind die Eltern miteinander verheiratet und stirbt ein Elternteil, erhält der andere automatisch das alleinige Sorgerecht. Nur wenn Vater und Mutter sterben – zum Beispiel bei einem Autounfall –, muss die Vormundschaftsbehörde dem Kind einen Vormund bestellen.

Wer als Vormund Ihres Kindes amten soll, können Sie zwar nicht im Voraus verbindlich bestimmen. Sie können aber die Wahl der Vormundschaftsbehörde wesentlich beeinflussen, indem Sie schriftlich festhalten, wer Ihre Kinder nach einem solchen tragischen Ereignis betreuen soll (einen Mustertext finden Sie im Anhang). Am besten übergeben Sie Ihrem Wunschvormund ein Exemplar Ihres Schreibens und hinterlegen ein zweites bei der Vormundschaftsbehörde an Ihrem Wohnort. Die Behörde wird Ihren Wunsch berücksichtigen, wenn das Kindeswohl gewahrt ist.

Wenn sich die Behörde einmischt

Werden Kinder misshandelt, vernachlässigt oder sind die Eltern generell nicht in der Lage, ihre Pflichten wahrzunehmen, muss die Vormundschaftsbehörde einschreiten. Jedermann kann bei dieser Stelle eine sogenannte Gefährdungsmeldung machen. Die Behörde hat dann zu überprüfen, ob tatsächlich Massnahmen nötig sind. Solche Massnahmen müssen immer verhältnismässig sein. Die Elternrechte sollen nur so weit und so lange wie nötig beschnitten werden. Die Palette der Kindesschutzmassnahmen reicht von der einfachen Ermahnung und dem Erteilen von Weisungen über den Einsatz eines Beistands bis zur Wegnahme der Kinder und zum Entzug der elterlichen Sorge.

Die drogensüchtigen Eltern von Baby Jonas sind nicht in der Lage, ihn regelmässig zu füttern, zu wickeln und für seine Sicherheit zu sorgen. Jonas wird bei Pflegeeltern untergebracht.

Finanzen fürs Kind

Kinder bringen neue Perspektiven, sind eine Freude und eine Herausforderung – und belasten das Budget. Ein paar Gedanken werden Sie sich als werdende Eltern zum finanziellen Aspekt des Abenteuers Familie machen müssen. Kinder kosten nun mal Zeit und Geld.

Auf der einen Seite sind da die effektiven Auslagen wie zum Beispiel die Babyausstattung, mehr Raumbedarf oder später die Ausbildung. Auf der andern Seite kosten Kinder viel Zeit – oft zulasten der Erwerbstätigkeit und der Karrieremöglichkeiten.

Was ein Kind kostet

Fachleute schätzen die gesamten Kinderkosten in der Schweiz auf 47 Milliarden Franken. Der Staat beteiligt sich daran mit rund einem Sechstel in Form von Familienzulagen, Steuerabzügen und andern Unterstützungen wie Stipendien oder Krippensubventionierung. Die restlichen Kosten tragen die Eltern selber.

Laut einer Studie im Auftrag der Zentralstelle für Familienfragen des Bundesamts für Sozialversicherung belaufen sich die Auslagen für ein Kind von der Geburt bis zum 20. Geburtstag auf rund 340 000 Franken. Weitere Kinder kosten zwischen 150 000 und 180 000 Franken. Eines von mehreren Kindern kommt so pro Monat auf rund 1100 Franken zu stehen, ein Einzelkind auf mindestens 1400 Franken. Kündigt sich Nachwuchs an, reduzieren viele Eltern – meist immer noch die Mütter – ihre Erwerbstätigkeit und büssen damit einen Teil ihres Einkommens ein. Oft verschlechtern sich dadurch auch die Karrierechancen. Zählt man diese indirekten Kinderkosten zu den direkten hinzu, kostet ein Kind, bis es flügge ist, zwischen einer halben und einer ganzen Million Franken.

Kinder- und andere Zulagen

Der Staat unterstützt die Eltern mit finanziellen Massnahmen, insbesondere durch Kinderzulagen, Steuerabzüge oder Verbilligung der Krankenkassenprämien. Seit dem 1. Januar 2009 ist das eidgenössische Familienzulagengesetz in Kraft. Es verpflichtet die Kantone, allen Arbeitnehmern sowie auch andern Eltern mit bescheidenem Einkommen eine Kinderzulage von mindestens 200 Franken für jedes Kind bis 16 Jahre und eine Ausbildungszulage von 250 Franken für Kinder von 16 bis 25 Jahren zu bezahlen. Auch für Teilzeitarbeitende müssen die Kantone die volle Zulage ausrichten. Sie dürfen höhere Ansätze und zusätzlich Geburts- oder Adoptionszulagen vorsehen. Eine einmalige Geburtszulage gibt es in den Kantonen Freiburg, Genf, Jura, Luzern, Neuenburg, Schwyz, Uri, Waadt und Wallis. Am grosszügigsten ist das Wallis mit 1575 Franken.

Weitere Informationen zu den Familienzulagen finden Sie unter www.bsv.admin.ch (→ Themen → Familie / Familienzulagen → Aktuell).

Bedarfsleistungen In den Kantonen Aargau, Freiburg, Glarus, Graubünden, Luzern, St. Gallen, Schaffhausen, Tessin, Waadt, Zug und Zürich können Eltern, die gewisse Einkommens- und Vermögensgrenzen unterschreiten, sogenannte Bedarfsleistungen beziehen. Diese Zulagen werden maximal bis zum zweiten Geburtstag des Kindes bezahlt, im Kanton Tessin bis zum 15. Geburtstag. Je nach Kanton heissen die Zahlungen Kleinkinderbetreuungsbeiträge, Mutterschaftsbeihilfen, Unterhaltszuschuss oder Familienbeihilfe.

Eltern in knappen finanziellen Verhältnissen haben einen Anspruch auf dieses Geld. Im Gegensatz zur Sozialhilfe müssen die Beiträge auch nicht zurückerstattet werden. Im Kanton Zürich zum Beispiel werden maximal 2000 Franken pro Monat bezahlt.

Steuern Eltern werden bei den Steuern mit einem milderen Tarif entlastet. Ausserdem können Sie je nach Kanton einen Kinderabzug von 3000 bis 10 500 Franken geltend machen. Die meisten Kantone erlauben einen weiteren Abzug für die Kinderbetreuungskosten.

Mehr zu den Steuerabzügen sowie viele nützliche Tipps zum Ausfüllen der Steuererklärung finden Sie im Beobachter-Ratgeber «Steuern leicht gemacht. Praktisches Handbuch für Angestellte, Selbständige und Eigenheimbesitzer» (www.beobachter.ch/buchshop).

Krankenkassenprämien Wer in bescheidenen wirtschaftlichen Verhältnissen lebt, kann finanzielle Beiträge an die Krankenkassenprämien erhalten. Die Prämienverbilligung ist kantonal unterschiedlich geregelt. Massgebende Kriterien sind das Einkommen und das Vermögen, aber auch die Kinderzahl. Je nach Kanton wird die Verbilligung von der Krankenkassenprämie abgezogen, mit den Steuern verrechnet oder direkt ausgezahlt. Zum Teil müssen die Berechtigten einen Antrag stellen, zum Teil wird die Vergünstigung automatisch aufgrund der Steuerunterlagen ermittelt.

Eine Zusammenstellung der kantonalen Bestimmungen zur Prämienverbilligung und der zuständigen Stellen finden Sie im Internet unter www.comparis.ch (→ Krankenkasse → im Suchfeld «Prämienverbilligung» eingeben).

Das Familienbudget anpassen

Kündigt sich Nachwuchs an, ist es nützlich, durchzurechnen, mit welchem Einkommen Sie im Minimum noch zurechtkämen, ohne dass Sie ins Minus rutschen. Es ist wichtiger, sich über die Arbeitsorganisation und das damit verbundene Einkommen Gedanken zu machen, als überstürzt eine neue Wohnung zu suchen. Denn Ihr Säugling braucht in den ersten Monaten kein eigenes Zimmer, keinen Spielplatz vor dem Haus und keinen gefahrlosen Weg zum Kindergarten. Das alles lässt sich noch früh genug organisieren, wenn die neue Lebenssituation mit dem Kind gefestigt ist.

Lena und Peter Z. verdienen zusammen 11 500 Franken pro Monat, den 13. nicht eingerechnet. Sie diskutieren hin und her, wie sie die Erwerbs- und Familienarbeit aufteilen sollen, wenn in fünf Monaten ihr erstes Kind da sein wird. Eigentlich würde Peter

Budgetvarianten von Lena und Peter Z.

(pro Monat in Schweizer Franken)

	Lena 100 % Peter 100 % ohne Kind	Lena 40 % Peter 80 % 1 Kind	Lena – Peter 100 % 1 Kind
Einnahmen			
Einkommen Mann monatlich netto	6 500	5 200	6 500
Einkommen Frau monatlich netto	5 000	2 000	
Anteil 13. Monatslohn	1 000	650	560
Kinderzulage		200	200
Total Einnahmen	12 500	8 050	7 260
Feste Verpflichtungen			
Wohnen (Miete, Heizkosten, Strom)	1 870	1 880	1 880
Telefon, Radio, TV, Internet	188	188	188
Steuern (kantonale Regelung)	1 900	1 000	880
Krankenkasse (Grundversicherung)	580	650	650
Hausrat-, Privathaftpflichtversicherung	50	50	50
Öffentlicher Verkehr, zwei Velos	140	140	140
Auto (ohne Amortisation)	670	580	580
Zeitschriften, Mitgliedschaften, Sport	330	130	130
Krippe (ein Tag pro Woche)		430	
Total feste Verpflichtungen	5 728	5 048	4 498
Variable Kosten*			
Haushalt			
– Nahrung, Getränke, Nebenkosten	1 240	1 250	1 270
– Windeln		100	100
Persönliche Auslagen			
– Kleider, Taschengeld, Berufsauslagen Frau	820	430	270
– Kleider, Taschengeld, Berufsauslagen Mann	820	520	490
– Kleider Säugling		50	50
Rückstellungen	420	470	450
Total variable Kosten	3 300	2 820	2 630
Gesamtausgaben	9 028	7 868	7 128
Reserven zum Sparen, für Ferien	3 472	182	132

* für eine genauere Aufteilung der variablen Kosten siehe Seite 66

Quelle: Beobachter-Handbuch «Abenteuer Familie»

auch gern einen Tag zu Hause beim Kind und im Haushalt sein. Lena ist bis jetzt davon ausgegangen, dass sie voll auf den Beruf Hausfrau umsteigt. Zusammen rechnen sie durch, was die Varianten für ihr Budget bedeuten (siehe Kasten auf der vorangehenden Seite).

Augenfällig ist die Differenz beim Restbetrag, der für Ferien und Sparen übrig bleibt: Mit rund 130 Franken pro Monat machen Lena und Peter Z. keine grossen Sprünge mehr, auch wenn sie aufgrund der neuen Familiensituation nun deutlich tiefere Steuern zahlen. Sie entscheiden sich schliesslich für die zweite Variante: der Vater 80 Prozent berufstätig, die Mutter 40 Prozent.

Das Taschengeld der Kinder

Rechtlich sind Eltern nicht zu einem Taschengeld verpflichtet, empfehlenswert ist es trotzdem. Dank diesen Zahlungen lernen Kinder früh nicht nur Lesen und Schreiben, sondern auch den Umgang mit Geld. Wie viel Sie Ihrem Sprössling zugestehen, hängt von seinem Alter und Ihren finanziellen Möglichkeiten ab.

Für ältere Kindern ist heute natürlich auch das Handy ein Thema. Damit diese Kosten nicht aus dem Ruder laufen, sind Prepaid-Modelle sinnvoll.

Sprechen Sie offen über die finanzielle Situation in Ihrer Familie. Kinder sollen wissen, dass auch die Eltern rechnen müssen und sich nicht jeden Wunsch erfüllen können. Budgetberatung Schweiz empfiehlt, sich beim Taschengeld an folgende Regeln zu halten:

- Regelmässig und unaufgefordert auszahlen.
- Genau festlegen, wofür es reichen muss.
- Keine Rechenschaft über jede Ausgabe verlangen.
- Nicht als Druck- oder Erziehungsmittel missbrauchen.
- Keine Löcher stopfen oder Kredite gewähren.

Will Ihr Sohn, Ihre Tochter zum Beispiel für eine grössere Anschaffung sparen, sollten Sie Sondereinsätze wie Jäten im Garten, Autowaschen oder Babysitten zusätzlich entschädigen.

Richtlinien fürs Taschengeld

Schülerinnen und Schüler

1. Schuljahr	1.– bis 1.50 pro Woche
2. Schuljahr	1.50 bis 2.– pro Woche
3. Schuljahr	2.– bis 2.50 pro Woche
4. Schuljahr	2.50 bis 3.– pro Woche
5. und 6. Schuljahr	15.– bis 25.– pro Monat
7. und 8. Schuljahr	25.– bis 35.– pro Monat
9. und 10. Schuljahr	35.– bis 50.– pro Monat

Monatsbudget für Mittelschüler

Taschengeld (Freizeit, Handy)	50.– bis 100.–
Coiffeur, Körperpflege	30.– bis 40.–
Kleider, Schuhe	70.– bis 80.–
Schulmaterial (ohne Bücher, Exkursionen)	20.–
Velo, Mofa	10.– bis 30.–

Nach Aufwand
Auswärtige Verpflegung (pro Tag Fr. 8.– bis 12.–), Abonnement für ÖV, Sport, Bücher, Exkursionen

Eltern dürfen ein Kostgeld verlangen

Die Eltern sind grundsätzlich verpflichtet, für ihre in Ausbildung stehenden Kinder aufzukommen. Das heisst aber nicht, dass die Jugendlichen ihren gesamten Lehrlingslohn als Taschengeld behalten dürfen. Die Eltern können verlangen, dass sie einen angemessenen Beitrag an ihren Unterhalt beisteuern.

Am besten stellen Sie gemeinsam mit Ihrem Sohn, Ihrer Tochter ein Budget inklusive Taschengeld auf. Regeln Sie dann, welche Posten die Eltern übernehmen und welche Rechnungen der Sohn oder die Tochter selber aus dem Lehrlingslohn bezahlt: zum Beispiel das Bahnabonnement, die Krankenkassenprämien, die Handykosten.

Patchwork-Familien

Er hat einen ausserehelichen Sohn, der bei der Mutter lebt und jedes zweite Wochenende mit dem Vater verbringt. Sie bringt ihre Tochter aus einer früheren Ehe mit in die Beziehung. Und zusammen erwarten die beiden ihr erstes gemeinsames Kind. Patchwork-Familien sind heute keine Seltenheit mehr.

Bringt einer von ihnen Kinder aus einer früheren Beziehung in die Ehe, spricht das Gesetz von Stiefkindern und Stiefeltern. Da heute jede zweite Ehe geschieden wird, entstehen mehr Zweitehen und damit auch Patchwork-Familien. Die Rechte und Pflichten der Stiefeltern sind im Zivilgesetzbuch in nur zwei Artikeln verankert. Entsprechend viel müssen Sie in einer solchen Situation selber regeln.

Rechte und Pflichten der Stiefeltern

Durch die Heirat entsteht zwischen dem Stiefvater bzw. der Stiefmutter und den Stiefkindern kein neues Kindesverhältnis. Das lässt sich nur erreichen, wenn der Stiefvater die Kinder seiner Frau adoptiert (und umgekehrt). Nur so entsteht das gegenseitige Erbrecht und der Stiefelternteil erhält die elterliche Sorge über seine Stiefkinder.

Ohne Adoption sind Sie im Normalfall nicht verpflichtet, für den Unterhalt Ihrer Stiefkinder aufzukommen. Sind die Finanzen aber angespannt – zum Beispiel weil der leibliche Vater die Kinderalimente nicht zahlt –, müssen Sie aushelfen. Als Stiefelternteil haben Sie an sich auch kein Erziehungs- oder Sorgerecht. Sie müssen Ihre Partnerin, Ihren Partner aber bei der Ausübung der elterlichen Sorge unterstützen und falls nötig vertreten – zum Beispiel, wenn die Mutter nach einem Unfall vorübergehend nicht ansprechbar ist.

Stiefkinder und Stiefeltern haben untereinander kein gesetzliches Erbrecht. Ihre Stieftochter kann Sie also nur beerben, wenn Sie ein entsprechendes Testament oder einen Erbvertrag abfassen. Mehr zu den erbrechtlichen Fragen in einer Patchwork-Familie lesen Sie im Kapitel «Füreinander vorsorgen» (Seite 192).

Erziehung hoch 3?

Kinder wissen genau, wie sie Mami gegen Papi und umgekehrt ausspielen können. Und Eltern wissen, wie schwierig es oft ist, eine gemeinsame Linie in der Erziehung durchzuhalten. In einem Elterndreieck Mami, Papi und Stiefvater oder -mutter wird das noch anspruchsvoller. Manche Patchwork-Kinder leiden unter einem Loyalitätskonflikt: Wenn ich Zuneigung zum Stiefvater zeige, verrate ich meinen richtigen Papi. Andere sind eifersüchtig auf den Eindringling und tun mehr, als man ihnen zutraut, um ihn wieder loszuwerden.

Jasmin bestiehlt ihre Stiefmutter. Da sie noch nie gestohlen hat und es vorher nie Probleme mit dem Kind gab, wollen ihre Eltern einfach nicht glauben, was die neue Ehefrau des Vaters da erzählt.

In solchen Fällen ist wichtig, dass die Erwachsenen erwachsen reagieren. Sie sollten sich also nicht auf Kinder-Spielchen einlassen oder sich gar gegeneinander ausspielen lassen. Versuchen Sie, eine gemeinsame Linie im Umgang mit dem Kind zu finden. Nehmen Sie auch ein ablehnendes Verhalten Ihrer Stieftochter, Ihres Stiefsohns nicht zu persönlich. Klären Sie mit den Eltern, wie Sie dem Kind helfen können. Fühlen die Eltern und / oder Sie sich mit der Situation überfordert, zögern Sie nicht, eine Erziehungsberatung in Anspruch zu nehmen.

Beziehungen aufbauen Eine gute Beziehung zum Stiefsohn, zur Stieftochter braucht vor allem etwas: Zeit. In der neuen Familie müssen sich viele alltägliche Kleinigkeiten erst einspielen: Wer geht am Morgen zuerst unter die Dusche? Darf man im Pyjama zum Sonntagsfrühstück erscheinen? Wohin gehören die schmutzigen Schuhe beim Nachhausekommen? Denken Sie daran, Ihr Stiefkind hat Sie sich nicht ausgesucht. Es muss Sie erst beschnuppern und im Alltag kennenlernen können. Setzen Sie weder sich selbst noch das Kind unter einen Erwartungsdruck.

Seien Sie sich auch bewusst, dass Sie nicht die Stelle des leiblichen Vaters, der richtigen Mutter Ihres Stiefkinds einnehmen können. Sie können aber eine neue Bezugsperson in seinem Leben werden. Wichtig ist, dass Sie sich mit Ihrer Partnerin, Ihrem Partner absprechen, wie eine gute Erziehung und ein harmonisches Familienleben aussehen sollen.

Finanzielle Fragen

Erhält Ihre Ehefrau, Ihr Ehemann Kinderalimente für ein Kind, das in Ihrem Haushalt aufwächst, dürfen diese Beträge für die gemeinsamen Haushaltskosten verwendet werden. Kinderalimente sollen nämlich den Unterhalt des Kindes abdecken, sie sind nicht zum Sparen gedacht. Was aber, wenn die Alimente nicht bezahlt werden?

Alimenteninkasso Die Vormundschaftsbehörde, das Jugendsekretariat oder eine andere kommunale Stelle hilft Ihnen unentgeltlich beim Eintreiben von ausstehenden Alimenten. Diese Ämter mahnen den säumigen Zahler, suchen bei Zahlungsschwierigkeiten nach gangbaren Lösungen und können die Ausstände wenn nötig auch über das Betreibungsamt eintreiben.

Alimentenbevorschussung Nicht immer ist beim zahlungspflichtigen Elternteil etwas zu holen. Dann zahlt die Gemeinde die festgelegten Alimente aus der Staatskasse und fordert die bevorschussten Beträge in eigenem Namen von Schuldner zurück. Das Verlustrisiko trägt die Gemeinde. Im Gegensatz zu Sozialhilfeleistungen werden bevorschusste Beträge auch später nicht zurückgefordert.

Die Alimentenbevorschussung ist kantonal unterschiedlich geregelt. Meist ist sie in der Höhe begrenzt. Zudem ist sie in vielen Kantonen von den Einkommens- und Vermögensverhältnissen des betreuenden Elternteils und des Stiefvaters oder der Stiefmutter abhängig. Die Einkommensgrenze für eine dreiköpfige Patchwork-Familie liegt zum Beispiel im Kanton Zürich bei 58 500 Franken pro Jahr.

Kinderzulagen Pro Kind darf man nur eine Kinderzulage beziehen (zur Höhe siehe Seite 119). Ob dieser Anspruch dem Vater, der Mutter oder dem Stiefelternteil zusteht, ist im Familienzulagengesetz genau geregelt. Haben die geschiedenen Eltern zum Beispiel die gemeinsame elterliche Sorge, bezieht entweder der Vater oder die Mutter die Zulage. Hat die nicht erwerbstätige Mutter die alleinige elterliche Sorge und wohnt das Kind bei ihr und dem Stiefvaters, kann der Stiefvater die Zulage geltend machen. Ist die Kinderzulage im Wohnsitzkanton des leiblichen Vaters höher, kann dieser noch die Differenz beziehen.

Erhält ein Elternteil die Zulage für ein Kind, das nicht bei ihm lebt, ist er verpflichtet das Geld ans Kind weiterzuleiten. In seltenen Fällen sieht das Scheidungsurteil etwas anderes vor.

Kommt der Expartner seiner Pflicht zum Bezug der Kinderzulage nicht nach oder leitet er das Geld nicht weiter, können Sie bei der kantonalen Familienausgleichkasse beantragen, dass die Zulagen direkt an Sie ausgezahlt werden.

Die Beziehung zum leiblichen Elternteil

Leben die Kinder Ihrer Frau in Ihrem gemeinsamen Haushalt, werden sie in der Regel alle 14 Tage das Wochenende beim Vater verbringen. Leben umgekehrt die Kinder Ihres Ehemanns bei der Mutter, werden sie regelmässig bei Ihnen zu Besuch sein. Meist klappt das Besuchsrecht ohne grössere Probleme. Sind ausgerechnet Sie von der Ausnahme betroffen, lohnt es sich, den Kindern und Ihrer Familie zuliebe öfters mal fünf gerade sein zu lassen.

Julia T. regt sich immer furchtbar auf, wenn die Stiefkinder wieder ohne die Badesachen oder den Skianzug ins Wochenende kommen. Sie ist sicher, dass die Mutter das absichtlich macht, um sie zu ärgern. Ehemann Fred sieht das nicht so, was immer wieder zu Ehekrach führt.

Klar sollte die Mutter sich an die Abmachungen halten und den Kindern die fürs Wochenende benötigten Kleider mitgeben. Wichtiger ist aber, dass sie das Besuchsrecht respektiert und dass die Kinder gerne kommen.

Ausgefallene Besuche nachholen? Immer wieder taucht die Frage auf, wann ein Besuch, der ausgefallen ist, nachgeholt werden darf oder soll. Wenn es in Ihrer erweiterten Familie gut läuft, werden Sie das von Fall zu Fall selber entscheiden. Können sich die Eltern aber nicht selbst einigen, hat die Gerichtpraxis folgende Richtlinien aufgestellt:

- Das Besuchsrecht kann nicht nachgeholt werden, wenn der Grund für das Ausfallen beim besuchsberechtigten Elternteil liegt – Beispiele: Krankheit, geschäftliche Abwesenheit, Ferien. Ebenfalls kein Nachholen gibt es, wenn die Ursache für das Ausfallen weder beim Vater noch bei der Mutter liegt – Beispiele: Krankheit des Kindes, Schullager, Kommunion.
- Nachgeholt werden die Besuche, wenn der Grund fürs Ausfallen beim Elternteil liegt, der das Kind bei sich hat – Beispiele: Verwandtenbesuche, Ferien beim Götti. Auch wenn die Besuchstage mehrmals hintereinander ausfallen und die Ursache nicht bei den Eltern liegt, darf nachgeholt werden – Beispiel: Am einen Besuchswochenende ist das Kind im Klassenlager, am nächsten ist es krank.

Wenn das Kind nicht zum Vater will Das Gesetz verlangt von den Eltern, dass sie alles unternehmen, damit der Kontakt des Kindes zu Vater und Mutter gewahrt bleibt. Trotzdem wehren sich Kinder manchmal mit Händen und Füssen gegen die Besuche. Bei Jugendlichen ab etwa zwölf Jahren lässt sich das Besuchsrecht gegen ihren Willen nicht mehr durchsetzen. Aber auch bei jüngeren Kindern ist es heute kaum noch denkbar, dass sie mit Polizeigewalt von zu Hause weggezerrt werden. Kein verantwortungsvoller Elternteil sollte es so weit kommen lassen.

Eines ist klar: Wenn Eltern erbittert um das Besuchsrecht streiten, ist die Situation für alle Beteiligten – Kind, Mutter, Vater, Stiefelternteil und involvierte Behörden –, äusserst schwierig. Rasche und tragfähige Lösungen gibt es in einem solchen Konflikt nicht. Besser ist es, die Erwachsenen lassen sich auf eine Familienbegleitung ein, zum Beispiel über den Fachverband Sozialpädagogische Familienbegleitung Schweiz (www.spf-fachverband.ch). Hilfreich kann auch eine Mediation sein (Anlaufstellen finden Sie im Anhang).

Das Stiefkind zu sich nehmen

Soll Ihr Stiefkind neu ganz bei Ihnen wohnen, spricht man von einer Umteilung der Obhut. Ein solcher Wechsel wird etwa zum Thema, wenn

- der Elternteil, bei dem das Kind bisher wohnte, es nicht mehr bei sich haben kann oder wenn er stirbt.
- Ihr Ehemann, Ihre Ehefrau das Kind zu sich holen will.
- das Kind selber den Wunsch nach einem Wechsel äussert.

Weder die Kinder noch die Eltern können über den Wechsel der Obhut eigenmächtig entscheiden. Sind beide Eltern einverstanden, müssen sie die Genehmigung der Vormundschaftsbehörde am bisherigen Wohnort des Kindes einholen. Wehrt sich der obhutsberechtigte Elternteil, ist eine Umteilung nur über ein Gerichtsverfahren zu erreichen oder – wenn die Eltern nie verheiratet waren – über die vormundschaftliche Aufsichtsbehörde. Die Kinder haben in diesem Verfahren ein Anhörungsrecht.

Auch der Stiefvater oder die Stiefmutter hat natürlich ein Mitbestimmungsrecht, wenn das Stiefkind neu unter dem gleichen Dach leben soll. Das Beziehungsgefüge wird schliesslich ein ganz anderes, als wenn die Kinder nur alle 14 Tage zu Besuch sind. Sprechen Sie sich auch im Voraus ab, wie Sie allfällige Erziehungsschwierigkeiten angehen werden.

Die Stiefkindadoption

Viele Stiefeltern sind ihren Stiefkindern mit der Zeit emotional so nahe, wie wenn es die eigenen wären. Manchmal entsteht daraus der Wunsch, diese enge Bindung auch rechtlich herzustellen.

Selbstverständlich geht das nicht ohne Einwilligung des «richtigen» Vaters oder der «richtigen» Mutter. Ist der leibliche Elternteil aber verstorben oder besteht aus andern Gründen keine Beziehung mehr, steht einer Adoption grundsätzlich nichts im Weg. Wenn der Stiefvater das Kind seiner Frau adoptiert (oder umgekehrt), erlischt das Kindesverhältnis zum leiblichen Vater und wird neu zum Stiefvater begründet. Das Stiefkind erhält damit die gleichen Rechte wie ein leibliches Kind. Insbesondere werden Adoptivkind und Adoptivvater gegenseitig zu gesetzlichen Erben und der Adoptivvater ist unterhaltspflichtig.

Die Bedingungen für eine Adoption Möchten Sie ihr noch unmündiges Stiefkind adoptieren, müssen drei Voraussetzungen erfüllt sein:

- Sie sind seit mindestens fünf Jahren mit der Mutter bzw. dem Vater verheiratet.
- Der Altersunterschied zum Stiefkind beträgt mindestens 16 Jahre.
- Das Kind – sofern es urteilsfähig ist – und der leibliche Elternteil haben der Adoption zugestimmt. Verweigert der andere Elternteil die Zustimmung, obwohl gar keine tragfähige Beziehung zum Kind besteht, kann die Behörde die Adoption trotzdem bewilligen.

Ist Ihr Stiefkind bereits mehr als 18 Jahre alt, ist eine Adoption nur möglich, wenn Sie kinderlos sind. Wer also bereits leibliche oder adoptierte Kinder hat, kann seine Stiefkinder über 18 nicht mehr adoptieren.

Gleicher Name für alle?

Es muss ja nicht immer eine Adoption sein. Manche Patchwork-Familie wäre schon zufrieden, wenn alle den gleichen Familiennamen tragen könnten. Leider ist das heute praktisch nicht mehr möglich.

Die geschiedene Sandra Meyer wird nach der Heirat den Familiennamen ihres zweiten Ehemanns Rolf Simmen annehmen. Sie möchte, dass ihre dreijährige Tochter Annina aus erster Ehe ebenfalls zum Namen Simmen wechseln darf.

Für Töchterchen Annina braucht es ein Namensänderungsgesuch. Zuständig ist der Wohnsitzkanton, im Kanton Aargau zum Beispiel das Departement für Volkswirtschaft und Inneres. Das Gesuch wird nur bewilligt, wenn wichtige Gründe vorliegen. Ob das zutrifft, ist

Auslegungssache und wird von Kanton zu Kanton unterschiedlich streng beurteilt. Die Praxis des Bundesgerichts jedenfalls ist sehr streng: Es müssen besondere Umstände vorliegen, zum Beispiel ernsthafte soziale Nachteile für das Kind. Emotionale Gründe reichen nicht (BGE 123 III 401). Am besten informieren Sie sich zunächst telefonisch bei der zuständigen Stelle über die Chancen eines Gesuchs und die Kosten.

Unter Umständen ist den Beteiligten auf anderem Weg einfacher geholfen. Sandra Meyer könnte sich für den Doppelnamen Meyer Simmen entschliessen. Oder Herr Simmen nimmt den Namen seiner Ehefrau an. Dann heissen alle Mitglieder der Patchwork-Familie Meyer.

Einen Ausländer, eine Ausländerin heiraten

Jede dritte Ehe in der Schweiz wird heute zwischen Menschen verschiedener Staatsangehörigkeit geschlossen. Hier lesen Sie, was punkto Einreise, Aufenthaltsbewilligung und Einbürgerung gilt und was es braucht, um die Kinder der ausländischen Partnerin in die Schweiz zu holen.

5

Heirat in der Schweiz

Natürlich können Sie Ihre Partnerin, Ihren Partner auch im Ausland heiraten. Die meisten dieser Ehen werden von der Schweiz anerkannt (mehr dazu lesen Sie auf Seite 24). Aber vielleicht möchten Sie sich lieber das Jawort nach Schweizer Recht geben. Worauf Sie dann achten müssen, lesen Sie auf den folgenden Seiten.

Wer in der Schweiz Wohnsitz hat oder den Schweizer Pass besitzt, darf in der Schweiz heiraten. Ausländische Paare ohne Wohnsitz in der Schweiz brauchen eine Bewilligung. Je nach Staatsbürgerschaft des ausländischen Partners sind für Einreise, Aufenthalts- und Arbeitsbewilligung sowie für die Niederlassungsbewilligung unterschiedliche Rechtsquellen massgebend:

- Für Bürgerinnen und Bürger der Europäischen Union (EU) und der EFTA gilt das Freizügigkeitsabkommen (FZA), das in den bilateralen Verträgen zwischen der Schweiz und der EU enthalten ist. Als EU-Bürger gilt, wer ein gültiges Aufenthaltsrecht in einem EU- oder EFTA-Staat hat.
- Für Menschen aus andern Ländern, den sogenannten Drittstaaten, gilt das Ausländergesetz (AuG).

Die Heirat vorbereiten

Hat sich ein Paar für eine Trauung in der Schweiz entschieden, gilt für die Vorbereitung der Heirat und die Eheschliessung Schweizer Recht. Alle Brautleute, ob Schweizer oder Ausländer, müssen dem Zivilstandsamt den Nachweis erbringen, dass der Heirat kein Ehehindernis im Weg steht (siehe Seite 22). Je nach Wohnsitz, Staatsangehörigkeit und Zivilstand werden dafür verschiedene Dokumente verlangt, die nicht älter als sechs Monate sein dürfen (je nach Heimatstaat sind die Fristen noch kürzer).

Sind die Urkunden nicht in einer schweizerischen Amtssprache verfasst (Deutsch, Französisch oder Italienisch), braucht es eine beglaubigte Übersetzung der wichtigsten Inhalte. Die Behörde kann zudem verlangen, dass die Echtheit der Urkunden von der Schweizer

Botschaft im Heimatland überprüft wird. In der Regel müssen Sie folgende Papiere vorlegen:

- Reisepass oder Nationalitätenzeugnis
- Geburts- oder Abstammungsurkunde
- Personenstandsausweis mit Angaben über den Zivilstand
- Wohnsitzbescheinigung oder Ausländerausweis für Ausländer, die bereits in der Schweiz wohnen

Mehr zum Vorbereitungsverfahren lesen Sie auf Seite 22; Auskunft erhalten Sie auch auf dem Zivilstandsamt am Schweizer Wohnsitz der Braut bzw. des Bräutigams.

Das Beschaffen und Übersetzen der verlangten Dokumente kann aufwendig werden, vor allem wenn der ausländische Partner nicht aus der EU stammt. Planen Sie deshalb genügend Zeit ein.

Können Sie ein erforderliches Dokument im Heimatstaat nicht beschaffen, kann die kantonale Aufsichtsbehörde über die Zivilstandsämter bewilligen, dass Sie den Nachweis durch eine Erklärung ersetzen. Die Zivilstandsbeamtin ermahnt Sie dabei zur Wahrheit und weist auf die Straffolgen einer falschen Erklärung hin.

Halim O. ist anerkannter Flüchtling mit Aufenthaltsrecht in der Schweiz. Die für die Heirat in der Schweiz benötigte Geburtsurkunde und der Nachweis, dass er ledig ist, lässt sich in seinem Heimatland beim besten Willen nicht beschaffen. Er darf mit Bewilligung der kantonalen Aufsichtsbehörde eine mündliche Erklärung vor der Zivilstandsbeamtin abgeben.

Liegen alle erforderlichen Dokumente von Braut und Bräutigam vor, geben Sie diese zusammen mit dem Gesuch zur Vorbereitung der Heirat bei Ihrem Zivilstandsamt ab. Sie müssen beide zudem persönlich erklären, dass sie alle Heiratsvoraussetzungen erfüllen und dass keine Ehehindernisse vorliegen. Das Zivilstandsamt teilt Ihnen dann schriftlich mit, ob die Trauung erfolgen kann.

Wenn die Ausländerbehörde mitredet Keine Probleme gibt es in der Regel, wenn die ausländische Braut oder der Bräutigam bereits eine Aufenthaltsbewilligung für die Schweiz hat. Dann müssen Sie sich vor der Heirat nicht auch noch bei der Ausländerbehörde melden.

Steven J. ist US-Bürger und arbeitet seit zwei Jahren für die Schweizer Niederlassung einer amerikanischen Bank. Seine Aufenthalts- und Arbeitsbewilligung hat ihm der Arbeitgeber besorgt.
Antonella C. kam als Zweijährige mit ihren Eltern aus Italien in die Schweiz. Sie besitzt schon lange die Niederlassungsbewilligung C.

Anders sieht es aus, wenn der ausländische Partner als Tourist in die Schweiz eingereist ist. Touristen dürfen nur maximal drei Monate bleiben. Je nachdem reicht diese Zeit für das Vorbereitungsverfahren zur Heirat nicht aus. Bis alle Papiere beschafft und übersetzt sind, können rasch mehrere Wochen vergehen.

Svetlana N. aus Russland besucht nach dem Abschluss ihres Studiums Verwandte in der Schweiz. Sie verliebt sich in den Schweizer Mario B. und die beiden wollen heiraten. Da Svetlanas Visum in zwei Wochen abläuft, ist die Zeit zu kurz, um die Trauungsermächtigung zu erhalten. Sie muss deshalb vor der Heirat ausreisen. Da sie ohne Probleme in ihr Heimatland zurückkehren kann und es dort eh noch einiges zu erledigen gibt, ist das nicht weiter schlimm.

Wer auf keinen Fall vor der Heirat ausreisen will, kann bei der Ausländerbehörde eine Verlängerung der Ausreisefrist beantragen. Darauf besteht allerdings kein Anspruch.

Die Ausländerbehörden heissen je nach Kanton unterschiedlich: Migrationsamt zum Beispiel im Kanton Zürich, Ausländeramt im Kanton St. Gallen oder Fremdenpolizei im Kanton Basel-Stadt.

Hat der ausländische Partner noch keine Aufenthaltsbewilligung, empfiehlt die Ausländerbehörde folgendes Vorgehen:

- Bei der Schweizer Botschaft in seinem Heimatland kann der ausländische Partner eine Aufenthaltsbewilligung zur Vorbereitung der Heirat in der Schweiz beantragen. Dafür muss das Ehevorbereitungsverfahren in der Schweiz bereits eingeleitet sein. Zuständig ist neben der Schweizer Botschaft im Heimatland die Ausländerbehörde am Wohnsitz der in der Schweiz lebenden Partnerin. Dort erfahren Sie auch, welche Formulare und Dokumente benötigt werden. Sind alle Bedingungen erfüllt, erteilt die Botschaft ein Einreisevisum für die Heirat in der Schweiz.
- Nach der Einreise muss sich der ausländische Bräutigam bei der Einwohnerkontrolle anmelden und erhält von der kantonalen Ausländerbehörde eine Kurzaufenthaltsbewilligung – im Kanton Aargau zum Beispiel für sechs Monate. Innert dieser Zeit muss die Heirat stattfinden. Gibt es Verzögerungen, beantragen Sie vor Ablauf der Aufenthaltsbewilligung eine Verlängerung. Wenn Sie das verpassen oder wenn die Aufenthaltsbewilligung nicht verlängert wird, muss der ausländische Partner wieder ausreisen.

Platzt die Hochzeit – sei es weil die Brautleute merken, dass sie doch nicht zueinander passen, sei es, dass einer plötzlich kalte Füsse kriegt –, muss der ausländische Partner nach Ablauf der Aufenthaltsbewilligung wieder ausreisen.

Ohne Heirat keine Einreise Stammt der ausländische Partner nicht aus der EU, braucht er je nach Herkunftsland ein Visum für die Einreise. Und manchmal muss man damit rechnen, dass er kein Touristenvisum erhält. Jedes Jahr werden rund 20 000 solche Gesuche abgelehnt. Manche binationale Paare haben deshalb keine Möglichkeit, den Alltag als Paar in der Schweiz zuerst einmal auszuprobieren. Für sie heisst es: ohne Heirat keine Einreise in die Schweiz.

Nicole V. hat sich in ihren Ferien in Marokko in den Tennislehrer Samir T. verliebt. Bei jeder Gelegenheit besucht sie ihn in seiner Heimat. Die beiden erwägen eine Heirat, möchten aber zuerst das Alltagsleben in der Schweiz ausprobieren. Frau V. lädt ihren Liebsten deshalb für ein paar Wochen als Gast zu sich in die Schweiz ein. Obwohl sie finanzielle Garantien abgibt, verweigern die Schweizer Behörden das Einreisevisum. Erst als das Paar in der Schweiz das Ehevorbereitungsverfahren einleitet und bei der Schweizer Botschaft in Marokko ein Gesuch für eine Einreise- und Aufenthaltsbewilligung zur Vorbereitung der Heirat stellt, erhält Herr T. die Einreiseerlaubnis.

Einen «Sans-Papiers» heiraten Für illegal in der Schweiz lebende Menschen, sogenannte Sans-Papiers, ist es schlicht undenkbar, in ihr Heimatland zurückzukehren und von dort aus die Heirat in die Wege zu leiten. Sie befürchten Repressalien und haben auch keine Garantie, für die Heirat in die Schweiz zurückkehren zu können.

Möchten Sie einen Ausländer ohne gültige Aufenthaltsbewilligung in der Schweiz heiraten, lassen Sie sich unbedingt als Erstes von einer Beratungsstelle für Sans-Papiers beraten. Wenn Sie die Heirat beim Zivilstandsamt anmelden, kann es nämlich passieren, dass dieses den ausländischen Partner auffordert, sich beim Migrationsamt zu melden – wo er dann verhaftet wird. Nach dem Willen des Nationalrats sollen ausländische Verlobte in Zukunft nur noch in der Schweiz heiraten dürfen, wenn sie sich rechtmässig im Land aufhalten. Ob und wann diese neue Bestimmung in Kraft tritt, ist noch offen.

Beratungsstellen für Sans-Papiers können abklären, welches Vorgehen am besten ist. Adressen finden Sie im Anhang.

Welches Recht gilt?

Findet die Hochzeit in der Schweiz statt, gilt sowohl für das Vorbereitungsverfahren wie für die Trauung selbst Schweizer Recht. Insbesondere müssen die Ehevoraussetzungen des ZGB eingehalten werden. Die Brautleute müssen also zum Beispiel mindestens 18 Jahre alt und unverheiratet sein.

Die Ausnahme von dieser Regel: Sind Braut und Bräutigam beide Ausländer, kann ihnen die Heirat in der Schweiz auch bewilligt werden, wenn sie nicht alle Schweizer Ehevoraussetzungen erfüllen. Verlangt wird dann, dass die Heirat nach ihrem Heimatrecht möglich wäre und die Eheschliessung nicht diametral dem Schweizer Rechtsempfinden widerspricht. Möglich wäre es also zum Beispiel, dass eine 17-jährige Ausländerin heiratet. Die Heirat eines Kindes oder einer Nebenfrau würden die Schweizer Behörden dagegen nicht erlauben.

Die ausländische Braut, der ausländische Bräutigam erkundigt sich am besten beim Konsulat oder bei der Botschaft, welche Formalitäten der Heimatstaat für die Anerkennung der Ehe verlangt.

Und später? Lebt das Ehepaar dann in der Schweiz, gilt für die rechtlichen Auswirkungen der Ehe grundsätzlich Schweizer Recht. Es gibt aber Ausnahmen:

- Der ausländische Ehepartner darf den Namen seinem Heimatrecht unterstellen. Damit ist für binationale Ehepaare teilweise bereits möglich, was Schweizer Staatsangehörigen immer noch verwehrt bleibt: Die ausländische Ehegattin kann ihren Namen behalten, sofern ihr Heimatrecht dies vorsieht, und der Schweizer Ehemann behält seinen Namen sowieso.
- Die Eheleute können ihr Güterrecht jederzeit durch schriftliche Vereinbarung oder im Ehevertrag den Bestimmungen eines ihrer Heimatstaaten unterstellen. Das deutsch-niederländische Ehepaar mit Wohnsitz in der Schweiz kann also entweder deutsches oder niederländisches Güterrecht wählen. Ohne Rechtswahl gilt Schweizer Recht, wenn beide Eheleute hier Wohnsitz haben.

Was passiert bei einer Scheinehe?

Wer heiratet, ohne mit dem ausländischen Partner, der Partnerin eine Lebensgemeinschaft zu planen, geht eine Scheinehe ein. Wenn beide Beteiligten nur zum Schein heiraten, spricht man von einer doppelten Scheinehe. Zivilstandsbeamte müssen eine Heirat bei offensichtlicher Scheinehe verweigern. Die Beweislage ist für die Behörden aber naturgemäss schwierig. Sie können sich ja nicht in die Gedanken des Brautpaars einklinken. Deshalb stützen sie sich auf Indizien ab: ein sehr grosser Altersunterschied zum Beispiel, eine Heirat nach kurzer Bekanntschaft oder kurz bevor der ausländische Partner die Schweiz verlassen müsste.

Zwangsehen verhindern

Zur Anzahl der Zwangsehen in der Schweiz gibt es keine offizielle Statistik; Fachleute sprechen von mehreren Tausend Betroffenen. Diese stehen unter grossem sozialem Druck ihres Umfelds, oft der eigenen Familie. In Extremfällen kommt es auch zu körperlicher oder sexuelle Gewalt, Entführung und Einsperren.

Wer jemanden zur Heirat zwingt, macht sich der Nötigung schuldig. Es droht eine Freiheitsstrafe bis zu drei Jahren oder eine Geldstrafe. Zwangsheiraten werden von Amtes wegen verfolgt und können für ungültig erklärt werden. Hat die Zivilstandsbeamtin bereits den begründeten Verdacht, dass die Braut oder der Bräutigam die Ehe nicht aus freiem Willen eingeht, muss sie die Trauung verweigern. Als weitere Massnahme wollen die Behörden künftig im Ausland geschlossene Ehen von Partnern, die noch nicht 18 Jahre alt sind, nicht mehr anerkennen. Im National- und Ständerat sind weitere Vorstösse in Sachen Zwangsheirat hängig.

Betroffene wenden sich am besten an eine Beratungsstelle für Migrantinnen und Migranten, die Informationen und Beratung in vielen Sprachen anbieten, oder an ein Frauenhaus in der Region. Weitere Informationen finden Sie im Internet unter www.zwangsheirat.ch.

Wer eine Scheinehe eingeht, kann mit einer Freiheitsstrafe bis zu drei Jahren bestraft oder zu einer Geldstrafe verurteilt werden. Wer sich für das Jawort sogar bezahlen lässt, riskiert eine Freiheitsstrafe bis zu fünf Jahren. Ausserdem muss die Behörde von Amtes wegen ein Ungültigkeitsklage beim Zivilgericht einreichen (siehe Seite 25).

Im guten Glauben geheiratet Wer die Ehe gutgläubig schloss, hat strafrechtlich nichts zu befürchten. Stellt sich nach der Heirat heraus, dass der ausländische Partner die Ehe nur wegen des Aufenthaltsrechts eingegangen ist, spricht man von einseitiger Scheinehe. Die betrogene Ehegattin kann beim Gericht auf Ungültigkeit der Ehe klagen – so der Wortlaut des Gesetzes. Einzelne Juristen wollen die Ungültigkeitsklage nur bei beidseitigen Scheinehen zulassen. Was wirklich gilt, werden die Gerichte zu entscheiden haben. Oft ist es aber ohnehin schwierig, den Betrug zu beweisen.

Bevor Sie eine Klage einleiten oder die Behörden informieren, klären Sie mit einem Anwalt die Prozesschancen ab. Unter Umständen fahren Sie mit einer Scheidungsklage besser.

Aufenthaltsrecht für ausländische Ehepartner

Wer heiratet, will den Alltag gemeinsam verbringen – ist ja klar. Wenn Ihr Partner, Ihre Partnerin aus dem Ausland stammt, muss aber auch die Ausländerbehörde einverstanden sein, damit Sie in der Schweiz zusammenwohnen können.

Der ausländische Ehemann einer Schweizer Bürgerin oder einer Ausländerin mit Aufenthaltsbewilligung in der Schweiz erhält nach der Heirat in der Regel eine Aufenthalts- und Arbeitsbewilligung – falls er nicht selber schon eine besitzt. Dafür braucht es ein Familiennachzugsgesuch, denn automatisch begründet die Heirat kein Aufenthaltsrecht. Je nach Staatsangehörigkeit sind die Voraussetzungen und Rechtsansprüche unterschiedlich.

Bürgerinnen und Bürger der EU und EFTA

Stammt der oder die Zukünftige aus der EU oder EFTA, sind oft keine grossen Formalitäten nötig. Denn Bürgerinnen und Bürger eines EU- oder EFTA-Staats besitzen häufig schon eine eigene Aufenthaltsbewilligung in der Schweiz, zum Beispiel weil sie hier einen Job haben.

Wenn nicht, hat ein EU-Bürger nach der Heirat mit einer Schweizerin Anspruch auf eine Aufenthaltsbewilligung. Die Schweizer Ehegattin muss für ihren ausländischen Partner bei der Wohngemeinde oder direkt bei der kantonalen Ausländerbehörde ein Familiennachzugsgesuch einreichen. Der ausländische Partner erhält darauf eine Daueraufenthaltsbewilligung B mit Aufenthaltszweck «zum Verbleib bei der Ehefrau».

Auch der Bürger eines EU-Staats mit Aufenthaltsrecht in der Schweiz hat Anspruch auf eine Aufenthaltsbewilligung für seine Ehefrau aus der EU oder EFTA. Auch wenn die Ehefrau aus einem Drittstaat stammt, aber eine dauerhafte Aufenthaltsbewilligung in der EU oder EFTA besitzt, darf er sie in die Schweiz «nachziehen».

Leila E. ist Irakerin. Sie ist aber bei ihrer Grossmutter in Italien aufgewachsen und besitzt für dieses EU-Land eine gültige Aufenthaltsbewilligung. Als sie den Italiener Adriano G. heiratet, der in der Schweiz lebt, erhält sie ebenfalls eine Aufenthaltsbewilligung.

Was gilt bei Trennung und Scheidung? Eine Trennung hat für EU-Bürgerinnen und -Bürger keinen Einfluss auf das Aufenthaltsrecht. Wenn aber für beide Eheleute klar ist, dass sie nicht mehr zusammenkommen, und sie sich nur wegen der Aufenthaltsbewilligung nicht scheiden lassen, hat der nachgezogene Partner kein Recht mehr, in der Schweiz zu bleiben. Auch bei einer Scheidung oder beim Tod des Ehemanns, der Ehefrau können nachgezogene Partner die Aufenthaltsbewilligung verlieren – es sei denn, sie können ein eigenes Aufenthaltsrecht begründen.

Ein eigenes Aufenthaltsrecht in der Schweiz können nachgezogene Ehepartnerinnen und Ehepartner begründen, wenn sie hier eine Arbeitsstelle haben oder wenn sie genügend Vermögen besitzen, um ihren Lebensunterhalt zu finanzieren. Handelt es sich beim verstorbenen Ehepartner um einen EU-Bürger, der schon zwei Jahre in der Schweiz gearbeitet hat, verliert die nachgezogene Ehefrau das Aufenthaltsrecht nicht.

Ehepartner von ausserhalb der EU und EFTA

Heiratet ein Schweizer, ein EU-Bürger oder ein Ausländer mit Niederlassungsbewilligung C eine Frau aus einem Drittstaat, hat diese einen Anspruch auf eine Aufenthaltsbewilligung – sofern das Paar zusammenwohnt. Zuständig für den Familiennachzug ist die kantonale Ausländerbehörde bzw. die Einwohnerkontrolle.

Wohnt das Ehepaar später vorübergehend nicht in einem gemeinsamen Haushalt – zum Beispiel wegen einer akuten Ehekrise –, ist das Aufenthaltsrecht noch nicht gefährdet. Wird die Ehe aber definitiv getrennt oder geschieden, verliert der ausländische Partner grundsätzlich das Aufenthaltsrecht. Nach drei Jahren Ehe hat er immerhin intakte Chancen, in der Schweiz bleiben zu können. Verlangt wird, dass er gut integriert ist, sich in der Sprache vor Ort gut verständigen kann und eine Arbeitsstelle hat.

Auch wichtige persönliche Gründe können zu einer Verlängerung der Aufenthaltsbewilligung führen; Beispiele: Die Ehe wurde durch den Tod des Ehegatten mit Aufenthaltsrecht aufgelöst, oder die ausländische Ehefrau wurde Opfer häuslicher Gewalt und eine Rückkehr ins Heimatland ist nicht zumutbar. Ein Grund für die Verlängerung der Aufenthaltsbewilligung kann auch sein, dass der geschiedene Elternteil seinen Kontakt zu den minderjährigen Kindern, die in der Schweiz bleiben, weiterhin regelmässig soll pflegen können.

Die Ehe zwischen der Schweizerin Maja A. und dem indischen Staatsangehörigen Muhinder C. wird nach vier Jahren geschieden. Die Ausländerbehörde erteilt Muhinder weiterhin das Aufenthaltsrecht, da er einer geregelten Arbeit nachgeht und sich regelmässig um die beiden Söhne kümmert, die seit der Trennung bei der Mutter wohnen.

Drittstaatler ohne Niederlassungsbewilligung Schwieriger wird es für eine Ausländerin aus einem Nicht-EU-Land, die keine Niederlassungsbewilligung besitzt und einen Ausländer ebenfalls aus einem Nicht-EU-Land heiraten will. Sie hat keinen gesetzlichen Anspruch, ihren Ehemann in die Schweiz zu holen. Im Normalfall wird der Nachzug jedoch bewilligt, wenn folgende Voraussetzungen erfüllt sind:

- Die Eheleute wohnen in der Schweiz zusammen.
- Die Grösse der Wohnung entspricht Schweizer Verhältnissen.
- Die finanziellen Verhältnisse gewährleisten, dass der Familiennachzug keine Sozialhilfeabhängigkeit auslöst. Massgebend sind die Richtlinien der Schweizerischen Konferenz für Sozialhilfe (SKOS).

Leben die Eheleute nicht mehr zusammen, wird die Bewilligung des nachgezogenen Partners in der Regel nicht mehr verlängert. Auch wenn das Paar nachträglich Sozialhilfe benötigt, kann dies zur Nichtverlängerung der Bewilligung führen. Verliert die Ehefrau, die zuerst in der Schweiz wohnte, ihre Bewilligung, verliert auch der Ehemann das Aufenthaltsrecht.

Wer sich wegen häuslicher Gewalt vom Ehegatten trennt oder scheiden lässt, kann auf ein eigenes Aufenthaltsrecht hoffen, wenn die soziale Wiedereingliederung im Herkunftsland stark gefährdet erscheint. Die zuständigen Behörden verlangen aber Nachweise wie Arztzeugnisse, Polizeirapporte, Strafanzeigen oder eine strafrechtliche Verurteilung. Befinden Sie sich in einer solchen Situation, wenden Sie sich am besten an eine Ausländer-Beratungsstelle (Adressen im Anhang).

Die Niederlassungsbewilligung C

Wer mit einem Schweizer oder mit einer Ausländerin mit Niederlassungsbewilligung C verheiratet ist, kann selber die Niederlassungsbewilligung C nach fünf Jahren Wohnsitz in der Schweiz beantragen. Das Gleiche gilt für Bürger der folgenden Länder: Andorra, Belgien, Bundesrepublik Deutschland, Dänemark, Finnland, Frankreich, Fürstentum Liechtenstein, Griechenland, Grossbritannien, Irland, Island, Italien, Kanada, Luxemburg, Monaco, Niederlande, Norwegen, Österreich, Portugal, San Marino, Spanien, Schweden, USA, Vatikanstadt. Alle andern Ausländer können das Gesuch grundsätzlich erst nach einem ununterbrochenen Aufenthalt von zehn Jahren stellen.

Voraussetzung dafür, dass man die Niedererlassung erhält, ist ein gewisses Wohlverhalten. Steuerschulden oder ein Strafregistereintrag können eine Ablehnung des Gesuchs zur Folge haben.

Die Niederlassungsbewilligung C verschafft ausländischen Staatsangehörigen ein eigenständiges Aufenthaltsrecht in der Schweiz. Dieses ist an keine Bedingungen wie zum Beispiel eine intakte Ehe geknüpft. Niedergelassene, die sich trennen oder scheiden lassen, verlieren ihr Anwesenheitsrecht nicht. Auch auf dem Arbeitsmarkt sind sie den Schweizern weitgehend gleichgestellt.

Erleichterte Einbürgerung

Das ordentliche Einbürgerungsverfahren in der Schweiz ist umständlich. Erstens muss man mindestens zwölf Jahre im Land gewohnt haben, bevor man das Gesuch stellen kann. Zudem braucht es für eine Einbürgerung die Zustimmung vom Bund, vom Wohnsitzkanton und von der Wohnsitzgemeinde.

Einfacher haben es Ehepartner von Schweizerinnen und Schweizern. Wer fünf Jahre in der Schweiz gewohnt hat und seit drei Jahren verheiratet ist, kann sich erleichtert einbürgern lassen. Verlangt wird, dass der Schweizer Ehepartner den roten Pass schon bei der Heirat besass und dass die Gesuchstellerin integriert ist und einen guten Leumund hat (keine hängigen Strafverfahren oder ungelöschten Vorstrafen). Eine weitere Voraussetzung ist eine intakte Ehe: Die Eheleute müssen auf einem Fragebogen bestätigen, dass sie in einer tatsächlichen, ungetrennten, stabilen ehelichen Gemeinschaft leben. Wer schwindelt, riskiert noch fünf Jahren später den Entzug des Schweizer Passes. Es sind sogar politische Vorstösse hängig, wonach diese Frist auf acht Jahre verlängert werden soll. Wer sich also nach der erleichterten Einbürgerung trennt oder scheiden lässt, hat den Schweizer Pass keineswegs «auf sicher».

Über das Einbürgerungsgesuch entscheidet das Bundesamt für Migration. Der Wohnsitzkanton und die Gemeinde werden aber angehört. Das Verfahren dauert weniger lang als bei der ordentlichen Einbürgerung und die Kosten sind tiefer.

Ausländische Stiefkinder in die Schweiz holen

Auch wenn Sie Kinder Ihrer ausländischen Partnerin, Ihres Partners zu sich holen wollen, kommt es darauf an, welche Nationalität und welchen Aufenthaltsstatus die Eltern besitzen.

Eltern aus der EU und EFTA Bürgerinnen und Bürger der EU mit einer Aufenthaltsbewilligung für die Schweiz haben das Recht, ihre Kinder nachzuziehen, wenn diese noch nicht 21 Jahre alt sind oder wenn sie ihnen Unterhalt zahlen. Verlangt wird, dass die Wohnung genügend gross für die Familie ist. Die Kinder können meist wie Touristen in die Schweiz einreisen und das Aufenthaltsprozedere in der Schweiz durchlaufen.

Schwieriger für Eltern aus Drittstaaten Stammt die ausländische Mutter (oder der Vater) aus einem Drittstaat, muss sie das Sorgerecht für ihr im Ausland lebendes Kind haben, damit sie es in die Schweiz holen kann. Dass dies der Fall ist, muss sie mit amtlichen Dokumenten aus dem Wohnsitzstaat des Kindes belegen.

Das frühere Ausländerrecht, das bis Ende 2007 galt, verlangte zusätzlich eine «vorrangige Beziehung». Es musste eine besonders enge persönliche Beziehung zum Kind nachgewiesen werden, zum Beispiel mit Telefonrechnungen, Fotos von Besuchen und gemeinsamen Ferien sowie gegenseitigen Briefen und E-Mails. Ob man auch nach dem heutigen Ausländerrecht eine solche vorrangige Beziehung zum Kind nachweisen muss, ist unter Juristen umstritten. Voraussichtlich wird das Bundesgericht diese Frage erst klären müssen.

Neben dem Sorgerecht sind weitere Punkte ausschlaggebend: Ist die ausländische Mutter (oder der Vater) eingebürgert oder besitzt sie die Niederlassungsbewilligung C, hat sie einen gesetzlichen Anspruch, ihre Kinder unter 18 in die Schweiz zu holen. Dabei gilt:

- Kinder unter zwölf Jahren müssen innerhalb von fünf Jahren nachgezogen werden. Sie erhalten die Niederlassung C.
- Kinder, über zwölf Jahren müssen innert eines Jahres in die Schweiz geholt werden. Sie erhalten eine Aufenthaltsbewilligung B.

Diese Fristen laufen in der Regel ab dem Datum, da die Mutter die Aufenthaltsbewilligung erhalten hat. Später ist ein Nachzug nur bei wichtigen Gründen möglich. Die Praxis der Behörden ist dabei sehr streng. Befinden Sie sich in einer solchen Situation, sollten Sie unbedingt einen Anwalt beziehen.

Die 13 Jahre alte Sima lebte bisher bei ihrer Grossmutter im Sudan. Ihre Mutter ist seit drei Jahren in der Schweiz verheiratet. Als die Grossmutter schwer erkrankt, will sie Sima zu sich holen. Diese Situation wird nur als wichtiger Grund für den späten Familiennachzug akzeptiert, wenn Sima nicht bei andern Bezugspersonen im Heimatland bleiben kann.

Hat der ausländische Elternteil erst den Ausweis B, besteht kein Rechtsanspruch darauf, die Kinder zu sich zu holen. Die Ausländerbehörde kann den Nachzug bewilligen, muss aber nicht. Zudem müssen weitere Voraussetzungen erfüllt sein:

- Die Kinder wohnen mit der Mutter bzw. dem Vater in der Schweiz zusammen (also nicht bei Pflegeeltern oder Verwandten).
- Die Wohnung entspricht Schweizer Verhältnissen.
- Es besteht keine Gefahr, dass die Familie wegen des Nachzugs Sozialhilfe in Anspruch nehmen muss.

Generell gilt: Je länger Sie mit dem Familiennachzug zuwarten und je näher das Alter der Kinder an der Grenze zur Volljährigkeit liegt, desto schwieriger wird es. Bei der Ausländerbehörde kann der Verdacht entstehen, dass nicht unbedingt das familiäre Zusammenleben im Vordergrund steht. Überwiegen wirtschaftliche Interessen oder geht es primär um eine bessere Ausbildung der Kinder in der Schweiz, wird der Familiennachzug abgelehnt.

Viel hängt davon ab, dass Ihr Gesuch geschickt begründet ist. Am besten konsultieren Sie vor der Einreichung eine Beratungsstelle oder eine Anwältin und lassen sich bei der Formulierung helfen.

Integration und Heimatanschluss

Wer dauerhaft in der Schweiz lebt, soll sich so gut wie möglich integrieren können. Einerseits wird von den Zugewanderten erwartet, dass sie sich um ihre Integration bemühen und die hiesigen Regeln und Gesetze einhalten. Anderseits ist es für den ausländischen Ehepartner angenehmer, wenn er sich mit den Gepflogenheiten der neuen Heimat auskennt.

Integration ist auch wichtig im Hinblick auf eine spätere Einbürgerung. Sowohl bei der erleichterten wie bei der ordentlichen Einbürgerung wird die erfolgreiche Eingliederung in die schweizerischen Verhältnisse sowie ein Vertrautsein mit den schweizerischen Lebensgewohnheiten, Sitten und Gebräuchen verlangt.

Wege zur Integration Hilfreich für eine rasche Integration ist natürlich der Austausch mit Kolleginnen und Kollegen am Arbeitsplatz. Aber auch das Mitmachen in einem Verein kann sehr wertvoll sein. Warum nicht beim lokalen Damenturnverein oder in der Kompostgruppe erste Kontakte knüpfen? Oft können die Kinder eine Brücke bilden: Der Austausch mit andern Eltern in der Mütterberatung, Spielgruppe und später in der Schule öffnet manche Tür.

Sehr zu empfehlen sind auch Sprachkurse. Je schneller Ihre Ehefrau, Ihr Ehemann sich in der hiesigen Sprache verständigen kann, desto besser. Das macht das Leben im Freundes- und Bekanntenkreis und auch in der Familie einfacher. Laufend übersetzen zu müssen ist mühsam und selbst wenn die Tischrunde die Sprache des Ehemanns aus Argentinien spricht, verfällt man doch immer wieder ins Schweizerdeutsche und schon ist er ausgeschlossen. Das liegt jeweils nicht am bösen Willen, sondern passiert einfach – was es für den Liebsten aber auch nicht besser macht.

Unterstützung erhalten Sie bei den Kompetenzzentren für Integration in Ihrem Kanton. Die Adressliste finden Sie im Internet unter www.ekm.admin.ch (→ Projekte).

Den Kulturgraben überbrücken Laut einer Zürcher Studie lastet auf binationalen Paaren das höchste Scheidungsrisiko. Ist die Frau Schweizerin und der Mann Ausländer, sind zehn Jahre nach der Heirat bereits 75 Prozent der Ehen wieder geschieden. Das muss nicht sein, wenn Sie sich einige Gegebenheiten vor Augen führen und vorbeugen.

Binationale Paare müssen aus aufenthaltsrechtlichen Gründen oft rasch heiraten, haben also wenig Möglichkeiten, das Zusammenleben erst einmal auszuprobieren. Und im Alltag sind sie häufig mit Vorurteilen oder gar Ablehnung konfrontiert. Auch die sprachliche Verständigung ist meist erschwert. Wer seine Ansichten und Gefühle nicht in der Muttersprache ausdrücken kann, ist permanent benachteiligt. Das wirkt sich bei Spannungen in der Ehe doppelt ungünstig aus. Hat der Ehegatte eine andere Religion oder stammt er aus einem andern Kulturkreis, ist Offenheit und Toleranz für deren Besonderheiten unabdingbar.

Hilfreich ist der Austausch mit andern binationalen Paaren. Unterstützung gibt es auch bei der Beratungsstelle Frabina (www.frabina.ch) und der Interessengemeinschaft Binational (www.ig-binational.ch).

Die eigene Heimat nicht vergessen Genauso wichtig wie eine rasche Integration ist der Kontakt zur angestammten Heimat. Getrennt von der Verwandtschaft, den Freunden und der eigenen Sprache kann es gut tun, ab und zu mit Landsleuten in der Schweiz zusammenzukommen und sich auszutauschen. In der Schweiz gibt es zahlreiche Ausländervereine, deren Mitglieder einen regen Kontakt untereinander pflegen. Ihre Gemeinde kann geeignete Adressen in Ihrer Region vermitteln.

Spezielle Lebenssituationen meistern

Belasten Geldsorgen Ihre Beziehung? Entpuppt sich der Geliebte als Geizhals oder gar als Schläger? Welcher Art die Eheprobleme auch sein mögen, sie lösen sich nicht von selbst. Wenn Sie aber beide bereit sind, an den Problemen zu arbeiten, können Sie auf ein breites Netz von Fachleuten zurückgreifen. Scheitern die Bemühungen, lässt sich auch das Auseinandergehen anständig gestalten.

6

Wenn das Geld knapp wird

Es kann in den besten Familien vorkommen – der Job wird gekündigt, der Ehemann ist in eine Schuldenfalle getappt oder das Geld reicht trotz aller Sparbemühungen einfach nicht aus, um die Familie durchzubringen.

Solche Situationen sind sehr belastend. Umso wichtiger ist es, nicht den Kopf in den Sand zu stecken, sondern richtig zu handeln. Das Sozialamt der Wohngemeinde oder auch private Organisationen helfen, Lösungen zu finden.

Unterstützung von der Arbeitslosenversicherung

Manchmal passiert es ganz schnell: Der Job ist weg und damit auch die Existenzgrundlage der Familie. Zum Glück können die meisten Arbeitnehmenden dann auf die Unterstützung der Arbeitslosenversicherung zählen. Wichtig ist, dass Sie in den zwei Jahren vor der Anmeldung während mindestens zwölf Monaten als Angestellte gearbeitet und Beiträge bezahlt haben. Sind auch die andern gesetzlichen Voraussetzungen erfüllt, haben Sie nach spätestens einer Woche Anrecht auf ein Taggeld. Dieses beträgt:

- 80 Prozent des versicherten Verdienstes, wenn Sie Kinder unterstützen müssen, invalid sind oder wenn Ihr Taggeld tiefer als 140 Franken ist
- 70 Prozent des versicherten Verdienstes in allen andern Fällen

Der maximal versicherte Monatslohn liegt bei 10 500 Franken. Wer also zum Beispiel 12 000 Franken verdient, erhält maximal 80 Prozent von 10 500 Franken (Stand 2009). Arbeitslose mit Kindern erhalten zudem einen Zuschlag für die Kinderzulagen.

In der Regel werden maximal 400 Taggelder ausbezahlt. Weil die Arbeitslosenversicherung in Arbeitstagen rechnet, entspricht dies etwa eineinhalb Jahren. Danach gilt man als ausgesteuert. Wer mittellos ist, kann dann Sozialhilfe beziehen.

Wichtig: Melden Sie sich schon während der Kündigungsfrist, spätestens aber am ersten Tag Ihrer Arbeitslosigkeit beim RAV oder bei Ihrer Wohngemeinde. Für die Zeit vor der Anmeldung erhalten Sie keine Taggelder.

So rechnet das Sozialamt

Wenn die Mittel nicht mehr reichen, um den Unterhalt der Familie zu decken, gibt es Hilfe vom Sozialamt. Fast alle Kantone halten sich bei der Bemessung der Sozialhilfeleistungen an die Empfehlungen der Schweizerischen Konferenz für Sozialhilfe, kurz SKOS genannt. Danach hat jede Familie Anrecht auf ihr soziales Existenzminimum. Dieses ist etwas höher als das betreibungsrechtliche Minimum (siehe Seite 156). Es soll nicht nur die Grundbedürfnisse abdecken, sondern auch eine bescheidene Teilnahme am sozialen Leben ermöglichen – zum Beispiel einen Zoo- oder Zirkusbesuch mit den Kindern. Zum sozialen Existenzminimum gehören:

- eine Pauschale für den allgemeinen Lebensunterhalt
- die Wohnkosten
- die Gesundheitskosten
- je nach Situation Leistungen für Berufsauslagen, Kinderbetreuungskosten
- ein Einkommensfreibetrag oder für Nichterwerbstätige eine Integrationszulage als Anreiz für Bemühungen um soziale oder berufliche Qualifikationen wie Einsätze in der Nachbarschaftshilfe oder Stellensuche

Pauschale für den allgemeinen Lebensunterhalt Diese Pauschale deckt den monatlichen Grundbedarf, also die Kosten von Nahrung, Kleidung, Körperpflege, Energie, Telefon, Reinigung, öffentlichem Verkehr, Unterhaltung und Bildung. Sie ist abgestuft nach der Haushaltsgrösse und beträgt 2009:

- 1469 Franken für ein Ehepaar
- 1786 Franken für einen Dreipersonenhaushalt
- 2054 Franken für einen Vierpersonenhaushalt
- 2323 Franken für einen Fünfpersonenhaushalt

Wohn- und Gesundheitskosten Bei den Wohnkosten gelten die ortsüblichen Mietzinsen. Sie werden so lange übernommen, bis eine günstigere Lösung gefunden werden kann. Zu den Gesundheitskosten gehören die medizinische Grundversorgung sowie Franchisen und Selbstbehalte.

Details zur Bemessung der Sozialhilfe finden Sie in den kantonalen Sozialhilfegesetzen unter www.sozialinfo.ch (→ Rechtsinformationen) und bei der SKOS (www.skos.ch).

Nicht zuwarten Melden Sie sich sofort bei Ihrer Wohngemeinde, wenn die Mittel für den Unterhalt Ihrer Familie nicht mehr ausreichen. Kleinkredite sind keine Lösung. Damit schieben Sie das Problem nur hinaus und die hohen Zinsen drücken noch mehr aufs Budget. Zudem übernimmt das Sozialamt keine Schulden.

Mit Schulden umgehen

Ein Schuldenberg kann rasch entstehen. Der Abbau dagegen ist langwierig und mühsam. Den Kopf in den Sand zu stecken oder Kleinkredite aufzunehmen, sind keine tauglichen Mittel für eine nachhaltige Verbesserung der Situation. Klüger ist es, sich die Lage ehrlich einzugestehen und mit professioneller Hilfe eine Schuldensanierung in die Wege zu leiten.

Treten Sie rasch mit Ihren Gläubigern in Kontakt und suchen Sie zusammen nach Lösungsmöglichkeiten. Für eine erfolgreiche Schuldensanierung nötig sind:

- ein realistisches Budget
- ein regelmässiges Einkommen, das über dem betreibungsrechtlichen Existenzminimum der Familie liegt
- Disziplin und der Wille, sich über längere Zeit einzuschränken
- meist ein Entgegenkommen der Gläubiger

Welche Art der Schuldensanierung sinnvoll ist, hängt von diesen Faktoren ab. Die möglichen Massnahmen reichen von der Vereinbarung von Ratenzahlungen bis zum Privatkonkurs. Scheuen Sie sich nicht, Hilfe bei einer Schuldenberatungsstelle zu holen. Von kommerziellen Privatsanierern, die sich in Zeitungsinseraten anpreisen, ist allerdings abzuraten. Seriöse Adressen vermittelt der Dachverband Schuldenberatung Schweiz (www.schulden.ch). Kontaktieren Sie auch die Sozialberatungsstelle an Ihrem Wohnort. Zwar übernimmt das Sozialamt keine Schulden. Es hilft aber, den laufenden Unterhalt der Familie zu sichern.

Betreibungsregeln für Eheleute

Jedermann kann jederzeit eine Betreibung einleiten – auch ohne vorgängige Mahnung. Hier eine kurze Zusammenfassung des Ablaufs einer solchen Betreibung:

- Zuständig ist das Betreibungsamt am Wohnsitz des Schuldners. Dieses prüft nicht, ob der Gläubiger tatsächlich eine Forderung hat, die Betreibung also zu Recht eingeleitet wurde, sondern stellt dem Schuldner einen Zahlungsbefehl zu. Darin wird er aufgefordert, innert Frist – in der Regel 20 Tagen – zu bezahlen.
- Bestreitet der Schuldner die Forderung oder will er Zeit gewinnen, kann er innert zehn Tagen seit Erhalt des Zahlungsbefehls Rechtsvorschlag erklären. Er gibt beim Betreibungsamt mündlich oder schriftlich zu Protokoll: Ich erhebe Rechtsvorschlag. Es genügt, dies direkt auf den Zahlungsbefehl zu schreiben. Damit ist die Betreibung einstweilen blockiert.
- Das Betreibungsamt kann erst nach Beseitigung des Rechtsvorschlags durch ein Gericht zur Pfändung schreiten oder den Konkurs eröffnen. Dazu muss der Gläubiger Rechtsöffnung verlangen. Beispielsweise, indem er eine Schuldanerkennung oder einen Vertrag vorlegt, die seine Forderung beweisen.

Achtung: Der Zahlungsbefehl kann gültig auch von Ihrer Ehefrau, Ihrem Ehemann in Empfang genommen werden. Ab diesem Zeitpunkt laufen die Fristen.

Keine Mithaftung des Ehepartners Nur in Ausnahmefällen haftet die Ehefrau mit ihrem eigenen Einkommen und Vermögen für die Schulden ihres Mannes oder umgekehrt (mehr zu dieser Haftung auf Seite 53 und 55).

Gilt für Sie die Errungenschaftsbeteiligung oder die Gütertrennung, dürfen für Schulden Ihres Mannes, Ihrer Frau nur deren Einkommen und Vermögen gepfändet werden. Ihr eigenes Einkommen und Vermögen sind tabu. Gepfändet werden darf alles, was nicht dringend für den Lebensbedarf der Familie benötigt wird. Häufig wird der Lohn gepfändet, da das Ehepaar sonst keine wesentlichen Vermögenswerte besitzt. Dann darf das Betreibungsamt nur auf den Lohnanteil greifen, der über Ihrem betreibungsrechtlichen Existenzminimum liegt.

Betreibungsrechtliches Existenzminimum Das für alle geltende Existenzminimum gibt es nicht. Das Betreibungsamt muss für jede Familie ihr Existenzminimum anhand der kantonalen Vorgaben errechnen. Dazu gehören ein Betrag für den allgemeinen Lebensbedarf, für den alle Kantone Pauschalen einsetzen, plus die individuellen notwendigsten Ausgaben wie Wohn- und Gesundheitskosten.

Wie das folgende Rechenbeispiel zeigt, wird bei Eheleuten – ob mit oder ohne Kinder – zuerst das Existenzminimum der ganzen Familie errechnet und dann proportional auf die Einkommen von Mann und Frau verteilt. Gepfändet wird nur die Differenz zwischen dem Lohn des Schuldners und seinem Anteil am Existenzminimum. Trotzdem zieht eine Pfändung eine empfindliche Einschränkung des Familienbudgets nach sich.

Josiane und David W. haben keine Kinder. Josiane W. wird für Schulden bei ihrer Kreditkartenfirma gepfändet. Ihr Einkommen beträgt 3500 Franken, ihr Ehemann verdient 4500 Franken. Frau W.s Anteil am gemeinsamen Haushaltseinkommen von 8000 Franken beträgt also 43,75 Prozent. Das Betreibungsamt errechnet das Existenzminimum des Ehepaars auf 4100 Franken. Josianes Anteil daran beträgt entsprechend ihrem Einkommen 43,75 Prozent oder 1794 Franken. Die pfändbare Quote ist also 1706 Franken (3500 minus 1794). So viel muss Frau W. von ihrem Lohn abgeben.

Spezialfall Gütergemeinschaft Lebt ein Ehepaar in Gütergemeinschaft, muss dem Mann und der Frau je separat ein Zahlungsbefehl zugestellt werden. Denn von einer Pfändung ist nicht nur das

Eigengut des Schuldners, sondern auch das Gesamtgut der Eheleute betroffen (siehe Seite 91). Jede Seite kann unabhängig von der andern Rechtsvorschlag erheben. Fällt einer von beiden in Konkurs, kommt es automatisch zur Gütertrennung.

Achtung: Das Amt darf zwar nur Gegenstände pfänden, die dem Schuldner gehören. Können Sie aber nicht beweisen, wem pfändbare Gegenstände im gemeinsamen Heim gehören, wird Miteigentum (bei Gütergemeinschaft Gesamtgut) angenommen und der fragliche Gegenstand mitgepfändet. Mit einem Inventar können Sie vorsorgen (siehe Seite 73).

Ehekrisen bewältigen

Jede Ehe kann einmal in Schieflage geraten. Studien belegen, dass viele Paare ihre Beziehungsprobleme zwar erkennen, meist aber nicht rechtzeitig angehen oder sich ungeschickt verhalten. Das ist nicht weiter verwunderlich. Schliesslich hatten wir alle kein Schulfach «Partnerschaftsprobleme und wie man sie meistert».

Zeichnen sich in Ihrer Ehe Schwierigkeiten ab, lohnt es sich, frühzeitig Unterstützung von Fachleuten zu holen. Zugegeben, auf den ersten Blick mag das Arbeiten an den Beziehungsproblemen mühsamer erscheinen als eine Trennung oder Scheidung. Aber was haben Sie zu verlieren? Und entscheiden Sie sich dann doch dazu, auseinanderzugehen, wird die Beziehungsarbeit, die Sie geleistet haben, den Trennungsprozess zumindest erleichtern.

Professionelle Hilfe einschalten

In der Schweiz wird jede zweite Ehe geschieden. Wenn es in Ihrer Ehe kriselt, muss dies aber nicht zwangsläufig zur Scheidung führen. Die meisten Schwierigkeiten lassen sich mit Kooperation und einer guten Gesprächskultur meistern. Diese Fähigkeiten sind zwar nicht angeboren, doch Sie können sie mithilfe von Fachpersonen erlernen.

In Fachkreisen wird immer wieder betont, wie wichtig es ist, sich frühzeitig Hilfe zu holen. Je länger ein Konflikt schwelt, umso schwieriger wird es, die Ehe zu retten.

Unterstützungsangebote können wenige Wochen bis mehrere Monate dauern, je nach Bedarf. Ein Erstgespräch kostet meist nur einen geringen Betrag oder ist gar kostenlos. Viele Beratungsstellen passen ihre Tarife zudem den finanziellen Möglichkeiten der Familie an.

Prüfen Sie vor der Wahl der Beratungsperson verschiedene Angebote. Fragen Sie nach der Ausbildung, der Praxiserfahrung und den voraussichtlichen Kosten. Vertrauen Sie beim ersten Gespräch auch auf Ihr Bauchgefühl: Stimmt die Chemie zwischen dem Berater und Ihnen beiden nicht auf Anhieb, sind Sie noch nicht am richtigen Ort. Adressen finden Sie im Anhang und im Internet unter www.paarberatung.ch.

Paarberatung, Paartherapie, Paarcoaching, Mediation Wer Hilfe sucht, findet unterschiedliche Angebote. In einer Paarberatung und Paartherapie geht es im Wesentlichen um das Aufarbeiten grundlegender Themen wie Nähe und Distanz, Autonomie in der Partnerschaft oder Langeweile und Leidenschaft. Es geht auch darum, gangbare Lösungen für aktuelle Probleme zu finden. Das Ziel ist die umfassende Verbesserung und Neugestaltung der Paarbeziehung.

Bei der Mediation und dem Paarcoaching geht es weniger um die Paardynamik und den Gefühlshaushalt. Im Vordergrund steht das Lösen aktueller, konkreter Probleme – zum Beispiel der Umgang mit Finanzen, die Aufteilung der Berufs- und Haushaltsarbeit

Die Mediation kennt man vor allem im Zusammenhang mit Trennungs- und Scheidungskonflikten. Eine Familienmediation kann aber auch hilfreich sein, wenn Sie gemeinsam den Weg aus einer Ehekrise finden wollen. Das Verfahren ist freiwillig, aussergerichtlich und kostengünstig. Eine neutrale Fachperson, die Mediatorin oder der Mediator, helfen Ihnen, gemeinsam eine eigenverantwortliche, faire Lösung zu erarbeiten. Der Mediator sorgt für einen korrekten, transparenten und effizienten Ablauf der Verhandlung. Er ergreift nicht Partei und trifft keine Entscheidungen. Sie und Ihr Partner, Ihre Partnerin suchen selbständig nach der Lösung des Konflikts. Gelingt dies, gewinnen beide. Denn die eigene Lösung – auch wenn es ein Kompromiss ist – ist in der Regel nachhaltiger, als wenn schliesslich ein Gericht entscheiden muss.

Der Beobachter vermittelt seinen Mitgliedern eine kostengünstige Erstberatung durch ausgewählte Mediationsfachleute. Weitere Adressen finden Sie über www.infomediation.ch und www.mediation.svm.ch.

Streit ums Geld? Ab zur Budgetberatung! Viele Konflikte unter Eheleuten entzünden sich am lieben Geld. Das Gesetz schreibt Ihnen nicht vor, wie Sie haushalten müssen. Es setzt auf die Eigenverantwortung. Sie und Ihre Frau, Ihr Mann müssen also gemeinsam über das Haushaltsbudget inklusive Taschengeld oder über die Sparquote bestimmen (mehr zu den Finanzen auf Seite 58).

Nützlich sind dabei die Musterbudgets von Budgetberatung Schweiz. Bei dieser Organisation erhalten Sie auch eine persönliche, kostengünstige Beratung. Der grosse Vorteil dabei: Die Fachleute sind neutral und zwingen keinem von Ihnen etwas auf. So lässt sich die eine oder andere Seite auch leichter überzeugen, es doch mal auf diesem Weg zu versuchen. Selbstverständlich können Sie sich auch alleine an eine Budgetberatung wenden. Adressen und weitere Informationen finden Sie im Internet unter www.budgetberatung.ch.

Hilfreich sind auch die vielen praxisnahen Informationen im Beobachter-Ratgeber «Mit Geld richtig umgehen. Budget, Sparen, Wege aus der Schuldenfalle» (www.beobachter.ch/buchshop).

Hilfe vom Eheschutzgericht

Nicht immer lässt sich ein Konflikt mit unbürokratischen Mitteln lösen. Braucht es einen verbindlichen Entscheid, hat jeder Ehegatte jederzeit die Möglichkeit, sich an das Eheschutzgericht im Wohnkanton zu wenden. Doch vorab gleich die ungeschminkte Wahrheit: Auch das Gericht hat keine Patentlösung für alle Ihre Eheprobleme.

Bei gewissen Streitpunkten kann es aber immerhin verbindliche Entscheide treffen.

Der Ablauf Als Eheschutzgericht amten die Gerichte erster Instanz, in Zürich zum Beispiel die Bezirksgerichte, in Luzern die Amtsgerichte, in St. Gallen die Kreisgerichte. Das Eheschutzverfahren ist ein Gerichtsverfahren. Es gibt also wie in andern Prozessen eine förmliche Vorladung für beide Eheleute, an einem bestimmten Termin vor Gericht zu erscheinen. Ein Ehegatte hat die Rolle des Klägers, der andere diejenige des Beklagten. Stören Sie sich nicht daran. Das hat nichts mit einer Anklage zu tun, Parteien vor Gericht heissen einfach so.

Das Verfahren ist meist mündlich. Eheschutzangelegenheiten müssen rasch entschieden werden. Deshalb ist keine Zeit für aufwendige Beweisverfahren. Das Gericht darf die Behauptungen einer Seite als richtig werten, wenn sie nur genügend glaubhaft dargelegt wurden. Auch im Eheschutzverfahren können Sie sich von einer Anwältin begleiten lassen. Wenn Ihr Ehemann, Ihre Frau ohne Anwalt erscheint, ist dies nicht unbedingt nötig. Umgekehrt ist es oft ratsam, auch einen Rechtsvertreter zu nehmen, wenn die andere Partei einen hat.

Hilfreich: richterliche Vermittlung und Ermahnung Vielen Paaren ist kaum bekannt, dass die Eheschutzrichterin auch als Vermittlerin amten kann. Es kann heilsam sein, wenn die Respektsperson am Gericht einen pflichtvergessenen Ehemann ermahnt oder wenn sie auf Wunsch beider Eheleute einen Streit ums Haushaltsgeld schlichtet. Das Gericht kann ein Ehepaar auch an geeignete Beratungsstellen weisen. Für einige eheliche Verpflichtungen ist dies das einzige richterliche Instrument. So kann das Gericht zum Beispiel eine Ehefrau nur ermahnen, eine ehewidrige Beziehung aufzugeben oder sich bei ihrer Kaufsucht helfen zu lassen. Befehlen oder gar Sanktionen androhen kann das Gericht in solchen Fällen nicht.

Richterliche Anordnungen Manchmal ist es nötig, dass das Gericht verbindliche Entscheidungen trifft, die auch vollstreckt werden können, zum Beispiel mit einer Betreibung. Auf Antrag jedes Ehegatten kann das Gericht insbesondere

- die Geldbeiträge festlegen, die jede Seite aus ihren finanziellen Mitteln an die Haushaltskosten beitragen muss.
- den Betrag zur freien Verfügung für den haushaltführenden Ehegatten bestimmen.
- einen Ehegatten zur Auskunft über seine Einkommens- und Vermögensverhältnisse verpflichten. Wenn nötig müssen auch Dritte, zum Beispiel Banken, dem Gericht Auskunft erteilen.
- einer Seite die Befugnis zur Vertretung der ehelichen Gemeinschaft entziehen.
- Massnahmen zur finanziellen Sicherung der Familie treffen, zum Beispiel eine Konten- oder Grundbuchsperre veranlassen.
- Kindesschutzmassnahmen, etwa die Bestellung eines Beistands, anordnen.

Gut zu wissen: Geldleistungen kann das Eheschutzgericht nicht nur für die Zukunft, sondern auch maximal für ein Jahr rückwirkend festlegen. Das lässt Ihnen Raum, zuerst eine aussergerichtliche Lösung zu suchen, zum Beispiel bei der Budgetberatung. Wenn alle Stricke reissen, können Sie sich immer noch ans Gericht wenden.

Häusliche Gewalt

Leider kommt sie vor, Gewalt in der Partnerschaft. Aus der Zeitung erfährt man meist nur von Fällen, in denen die häusliche Gewalt in schwerer Körperverletzung oder gar Tötung gipfelte. Daneben gibt es aber auch wirtschaftliche, psychische und sexuelle Formen von häuslicher Gewalt. Zum Beispiel, indem eine Seite die andere schikaniert, ihr das nötige Geld vorenthält oder sie von ihrem Umfeld isoliert. Gewalt ist in jeder Form inakzeptabel. Und dass das Opfer die Schläge provoziert habe oder dass die Hand bloss ausgerutscht sei, das sind nichts als feige Ausreden. Allein verantwortlich ist immer derjenige, der Gewalt ausübt. Nie sein Opfer! Und wer einmal zuschlägt, tut es meist wieder – allen gegenteiligen Beteuerungen zum Trotz.

Es gibt auch Frauen, die ihre Männer prügeln. Sie sind jedoch in der Minderheit. Meist sind die Opfer Frauen. In jüngster Zeit werden vermehrt Anstrengungen unternommen, gegen Gewalt in der Partnerschaft vorzugehen. Das Allerwichtigste ist aber, dass Täter und Opfer das Thema nicht totschweigen und sich sofort fachliche Hilfe holen.

Strafbare Handlungen Sexuelle Nötigung, Tätlichkeiten bis hin zum Tötungsdelikt sind strafbare Handlungen. Je nach Delikt drohen Bussen oder langjährige Freiheitsstrafen. Seit dem 1. April 2004 wird jede Art von häuslicher Gewalt von Amtes wegen verfolgt. Das heisst, dass die Justizbehörde in jedem Fall tätig werden muss, wenn sie von einem solchen Delikt erfährt.

Auch das Zivilgesetzbuch enthält neue Bestimmungen zum Schutz der Opfer. Das Gericht kann einen gewalttätigen Ehegatten vorübergehend aus der gemeinsamen Wohnung ausweisen und ihm verbieten, die unmittelbare Umgebung der Wohnung zu betreten oder sich dem Opfer zu nähern und mit ihm Kontakt aufzunehmen. Einige Kantone, zum Beispiel St. Gallen und Zürich, haben zusätzlich spezielle Gewaltschutzgesetze eingeführt. Opfern – und auch Tätern – stehen Informations- und Beratungsstellen zur Verfügung, um häusliche Gewalt zu vermeiden und Rückfälle gewalttätiger Personen zu verhindern.

Opferhilfe Opfer häuslicher Gewalt haben oft Angst oder schämen sich gar. Wichtig ist, sofort Hilfe zu holen, zum Beispiel:
- In bedrohlichen Situationen die Polizei rufen.
- Zur Freundin oder in ein Frauenhaus flüchten.
- Bei körperlicher Misshandlung die Ärztin aufsuchen.
- Strafanzeige bei der Polizei einreichen.
- Sich an eine kostenlose Beratungsstelle wenden.

Opfer häuslicher Gewalt haben Anspruch auf kostenlose Beratung, Information und Begleitung durch eine Opferhilfestelle. Bei diesen Stellen erhalten sie rechtliche, psychische oder materielle Unterstützung. Zum Beispiel kann die Beratungsstelle einen Anwalt organisieren, um beim Gericht eine vorübergehende Ausweisung des gewalttätigen Ehepartners aus der gemeinsamen Wohnung zu erreichen. Daneben gibt es auch andere Soforthilfe, etwa eine Krisenintervention durch eine Psychotherapeutin oder eine ärztliche Abklärung. Ist weitere Hilfe nötig, wie eine Psychotherapie oder eine längere anwaltliche Vertretung, vermittelt die Opferhilfestelle geeignete Adressen. Die Kosten werden von der Opferhilfe übernommen, wenn die persönlichen und finanziellen Verhältnisse des Opfers es erfordern. Übrigens: Die Opferhilfestellen sind auch für Männer da, die Opfer von häuslicher Gewalt werden.

Frauen und Kinder, die von Gewalt bedroht sind, können zudem in ein Frauenhaus flüchten. Die Frauenhäuser sind rund um die Uhr telefonisch erreichbar. Sie bieten neben einer geschützten Unterkunft auch Beratung und Begleitung an. Die Adressen der Frauenhäuser sind geheim.

Weitere Informationen und Anlaufstellen finden Sie im Anhang und im Internet unter www.frauenhaus-schweiz.ch, www.opferhilfe-schweiz.ch und www.kriminalprävention.ch.

Täterhilfe Viele Männer, die Gewalt ausüben, wollen das eigentlich gar nicht. Trotzdem passiert es. Holen Sie sofort Hilfe bei einer Beratungsstelle für gewalttätige Männer. Die Beratungen sind vertraulich. Adressen finden Sie im Anhang sowie im Internet unter www.maennergewalt.ch.

Es kommt zur Trennung

Manchmal führen alle Versuche, die Krise zu bewältigen, nicht weiter. Dann kann eine Trennung das Richtige sein – als Besinnungspause oder auch als Vorbereitung für die Scheidung. Viele Ratsuchende am Beobachter-Beratungstelefon stehen aber auch urplötzlich vor einer Trennungssituation, sei es wegen einer Fremdbeziehung oder weil der Ehepartner einfach ausgezogen ist. Zum Gefühlschaos hinzu kommen oft Sorgen: um die Zuteilung der Kinder, ums Haus oder um die finanzielle Situation.

Schliesslich sind bei einer Trennung zwei Haushalte zu finanzieren und das kann sich manche Familie eigentlich gar nicht leisten. Reichen die Mittel nicht für zwei Haushalte, müssen alle den Gürtel enger schnallen und meist muss die wirtschaftlich schwächere Seite ihre Erwerbstätigkeit ausdehnen oder Sozialhilfe beziehen.

Darf man einfach ausziehen?

Viele Ehepaare trennen sich einvernehmlich oder sind sich zumindest einig, dass sie getrennt leben wollen. Dann können sie gemeinsam (oder jeder für sich) beim Eheschutzgericht die Regelung des Getrenntlebens verlangen oder auch ohne Gericht selbst vereinbaren, was während der Trennung gelten soll.

Und wenn Ihr Ehemann, Ihre Ehefrau mit der Trennung nicht einverstanden ist? Nach dem Buchstaben des Gesetzes darf man die eheliche Gemeinschaft nur verlassen, wenn die Persönlichkeit, die wirtschaftliche Sicherheit oder das Wohl der Familie durch das Zusammenleben ernsthaft gefährdet sind. Wer den Ehegatten ohne triftigen Grund verlässt, handelt ehewidrig und kann vom Gericht keine Regelung des Getrenntlebens verlangen. Die Ehefrau, die einfach zum Geliebten zieht, könnte also keine Unterhaltsbeiträge für sich festlegen lassen.

In der Praxis sieht es allerdings etwas anders aus: Heute kann jeder Ehegatte nach zwei Jahren Getrenntleben auch gegen den Willen des andern die Scheidung verlangen. Wenn Sie also ausziehen und Ihren unverrückbaren Scheidungswillen kundtun, muss Ihnen das Gericht das Getrenntleben bewilligen – auch gegen den Willen Ihres Ehemanns, Ihrer Ehefrau.

Das Gericht einschalten

Sie können zusammen mit Ihrem Ehemann, Ihrer Frau selber entscheiden, ob Ihnen eine eigene Trennungsvereinbarung vorerst genügt. Was Sie dabei alles regeln sollten, lesen Sie auf Seite 166. Gibt es später doch Streit oder wünschen Sie von Anfang an eine gerichtliche Regelung, können Sie jederzeit – allein oder gemeinsam – das Gericht einschalten. Zuständig ist das Eheschutzgericht im Wohnsitzkanton. Leben Sie bereits getrennt und in unterschiedlichen Gerichtskreisen, ist dasjenige Gericht zuständig, bei dem die Klage zuerst eingereicht wird.

Braucht es einen Anwalt? Sind die Verhältnisse kompliziert, hat Ihre Ehepartnerin bereits eine Anwältin oder fühlen Sie sich überfordert, nehmen Sie sich besser einen Anwalt. Das ist auch möglich, wenn Sie finanziell knapp dran sind: Verfügt der andere Ehegatte über genügend Geld, kann Ihr Anwalt von ihm einen Prozesskostenvorschuss verlangen. Oder er beantragt beim Gericht die unentgeltliche Prozessführung. Damit werden die Gerichts- und Anwaltskosten vorerst von der Staatskasse getragen.

Um ein Eheschutzverfahren einzuleiten, reicht ein eingeschriebener Brief ans Gericht. Ein Muster finden Sie im Anhang. Informieren Sie sich auch auf der Internetseite des für Sie zuständigen Gerichts. Oft finden sich dort ebenfalls Muster und Informationen zum Verfahren.

Das Trennungsverfahren Auf Ihren Brief hin erhalten Sie und Ihr Ehepartner, Ihre Partnerin vom Gericht eine Vorladung zugestellt. In der Vorladung steht, wann und wo Sie sich einfinden müssen. Meist wird Ihnen auch mitgeteilt, welche Unterlagen Sie mitbringen müssen. Die wichtigsten Dokumente sind: aktuelle Belege über das Einkommen (zum Beispiel der Lohnausweis) und die laufenden Ausgaben (wie Mietvertrag, Kinderbetreuungskosten, Krankenkassenprämien).

Der Gerichtstermin kann nur aus wichtigen Gründen verschoben werden. Sind Sie zum Beispiel krank, müssen Sie ein Arztzeugnis einreichen. Am Verhandlungstermin vor Gericht hat jeder Ehegatte abwechselnd das Recht, dem Gericht seine Anträge zu stellen (was will ich) und die Begründung dafür darzulegen (warum will ich das). Das Gericht versucht anschliessend, zusammen mit beiden Eheleuten eine einvernehmliche Lösung zu finden – im Gerichtsjargon Vergleich genannt. Gelingt dies, hat das einige Vorteile:

- Es gibt keinen förmlichen Gewinner und Verlierer.
- Sie haben sofort eine gültige Trennungsvereinbarung.
- Lösungen, zu denen man ja gesagt hat, können beide Seiten im Allgemeinen besser akzeptieren. Das führt zu weniger Schwierigkeiten bei der Bezahlung der Unterhaltsbeiträge oder beim Besuchsrecht für die Kinder.

Lassen Sie sich aber nicht unter Druck setzen. Können Sie im Moment die Tragweite eines Vergleichs nicht abschätzen, verlangen Sie einen **Widerrufsvorbehalt**. Damit haben Sie Bedenkzeit – meist zehn Tage –, um sich alles nochmals in Ruhe zu überlegen und mit Ihrer Anwältin oder einer Rechtsberatungsstelle zu besprechen.

Kommt es nicht zum Vergleich, muss das Gericht über die strittigen Punkte entscheiden. Bis das Urteil gefällt wird, können mehrere Wochen vergehen. Ist dann eine Seite mit dem Urteil nicht einverstanden, kann sie es von der oberen kantonalen Instanz überprüfen lassen. Wer in Ihrem Kanton zuständig ist und innert welcher Frist Sie reagieren müssen, steht im Urteil.

Das ist zu regeln

Trennen Sie sich ohne Gericht, sollten Sie Ihre Abmachungen in einer Trennungsvereinbarung selber schriftlich festhalten. Sie können sich dafür gemeinsam von einer Anwältin oder einer Rechtsberatungsstelle helfen lassen. Ein Muster einer einfachen Vereinbarung finden Sie im Anhang.

Vor Gericht müssen Sie der Richterin sagen, was Sie geregelt haben wollen. Im Juristenjargon heisst das, Anträge stellen. Je nach Situation sind das folgende Punkte:

- Bewilligung des Getrenntlebens
- Zuteilung der ehelichen Wohnung und des Hausrats zur Alleinbenutzung an einen Ehegatten
- Zuteilung der Kinder: Bei welchem Elternteil wohnen die Kinder (Obhut) und wann besuchen sie den andern (Besuchsrecht)?
- Unterhaltsbeiträge für die Kinder und den Ehegatten

Streit um die Kinder Die meisten Eltern können sich den Kindern zuliebe zusammenraufen und eine friedliche Lösung finden. Streiten sich die Eltern aber über die Obhut und das Besuchsrecht, sind in erster Linie die Kinder die Leidtragenden. Schlimm genug, dass sie das Alltagsleben mit dem Vater (oder der Mutter) verlieren. Der Kampf der Eltern stürzt sie zusätzlich in einen Loyalitätskonflikt. Unter Umständen müssen die Kinder psychologische Abklärungen über sich ergehen lassen oder haben plötzlich mit einem Beistand zu tun.

Tamara und Adrian E. leben getrennt. Immer wenn der Vater die fünfjährige Ladina für das Besuchswochenende abholt, streiten sich die beiden herum. Um diese Reibereien zu entschärfen, ernennt die Vormundschaftsbehörde einen Besuchsrechtsbeistand. Anfangs fürchtet sich die kleine Ladina vor ihrer Beiständin, die sie nun zum Vater und wieder zurück bringen soll. Doch weil sie so nicht mehr jedes Mal den elterlichen Konflikt miterleben muss, kann sie die Wochenenden mit dem Vater entspannter angehen.

Versuchen Sie zum Wohl Ihrer Kinder, einen Ausweg zu finden – zum Beispiel mithilfe einer Mediation. Mediationsfachleute berichten, dass die meisten Eltern im ersten Mediationsgespräch einen wichtigen gemeinsamen Nenner finden: Wir wollen für unsere Kinder nur das Beste. Auf dieser Gemeinsamkeit lässt sich in vielen Fällen aufbauen und eine tragfähige Lösung finden.

Finanzielle Fragen Derjenige Elternteil, der die Kinder nach der Trennung bei sich hat, erhält in der Regel vom andern nicht nur Kinderalimente, sondern auch Alimente für sich persönlich. Einigen sich die Eltern nicht selber auf die Beträge, legt das Gericht die Alimente anhand einer Bedarfsrechnung fest. Dabei werden die Haushaltsbudgets der beiden Teilfamilien dem Gesamteinkommen von Mann und Frau gegenübergestellt. Sind die Einkommen genügend hoch, um beide Budgets abzudecken, kann das Gericht ausreichende Alimente festlegen. Wenn nicht, müssen sich beide Seiten gleich hohe Abstriche am bisherigen Lebensstandard gefallen lassen. Allerdings belassen die Gerichte dem Alimentenschuldner – meist ist das immer noch der Vater – sein Existenzminimum. Dann muss die Mutter entweder für genügend eigenes Einkommen sorgen oder, wenn das nicht möglich ist, Sozialhilfe beantragen.

Dabei gelten strenge Kriterien: Das Sozialamt verlangt in der Regel, dass Alleinerziehende bereits ab dem dritten Geburtstag des jüngsten Kindes wieder einer Erwerbsarbeit nachgehen. Dies im Gegensatz zu den Trennung- und Scheidungsgerichten, die eine Erwerbstätigkeit von Alleinerziehenden in der Regel erst ab dem zehnten Geburtstag des jüngsten Kindes fordern.

Alle Aspekte, die Sie bei der Regelung der Trennung berücksichtigen sollten, finden Sie ausführlich erläutert im Beobachter-Ratgeber «Trennung – von der Krise zur Lösung. Kinder, Rechtliches, Finanzen» (www.beobachter.ch/buchshop).

Die rechtlichen Auswirkungen der Trennung

Die rechtlichen Auswirkungen einer Trennung beschränken sich auf die Regelung des Getrenntlebens: Wohnungszuteilung, Unterhaltsbeiträge, Zuteilung der Obhut über die Kinder und das Besuchsrecht. Steuerrechtlich werden getrennt lebende Eheleute rückwirkend für das ganze Trennungsjahr einzeln besteuert.

Kein Thema ist in der Regel die Aufteilung des ehelichen Vermögens; das wird erst bei einer Scheidung aktuell. Im akuten Trennungsstress muss man sich also noch nicht unbedingt den Kopf zerbrechen, was später mit dem Eigenheim geschieht. Keinen Einfluss hat die Trennung zudem auf folgende Punkte:

- die Teilung der während der Ehe entstandenen Guthaben bei der AHV und der Pensionskasse: Was während der Trennungszeit dazukommt, wird in einer späteren Scheidung ebenfalls geteilt.
- das gesetzliche Erbrecht: Mann und Frau sind weiterhin gegenseitig gesetzliche Erben.
- den Anspruch auf eine Witwen- oder Witwerrente
- die Beistandspflicht, insbesondere in finanzieller Hinsicht: Gerät zum Beispiel der Ehemann in finanzielle Not, muss die Ehefrau trotz Trennung aushelfen
- die elterliche Sorge: Wichtige Entscheide für die Kinder müssen die Eltern auch während der Trennung gemeinsam fällen.

Und wie geht es weiter?

Solange beide Eheleute keine Scheidung wollen, können sie auf unbestimmte Zeit getrennt leben. Manchmal kommt eine Scheidung aus religiöser Überzeugung nicht infrage oder es sprechen andere Gründe dagegen, etwa eine bessere finanzielle Absicherung.

Wieder zusammenkommen Sie haben sich versöhnt und wollen einen neuen Anlauf wagen? Sie brauchen keine richterliche Genehmigung, wenn Sie wieder zusammenziehen wollen. Sobald Sie das eheliche Zusammenleben dauerhaft wieder aufnehmen, endet die Trennung. Massnahmen, die das Eheschutzgericht angeordnet hat – etwa Unterhaltsbeiträge, die Zuweisung der Wohnung –, verlieren ihre Gültigkeit. Einzige Ausnahme: Eine Gütertrennung sowie Schutzmassnahmen für die Kinder oder das Vermögen, die das Gericht angeordnet hat, fallen nicht automatisch weg, sondern bleiben in Kraft. Die Eheleute können beim Gericht die Aufhebung der Gütertrennung oder der Schutzmassnahmen fürs Vermögen beantragen. Für die Kinderbelange ist die Vormundschaftsbehörde zuständig.

Wenns zur Scheidung kommt Wenn ein Ehegatte die Scheidung will, kann er oder sie nach zwei Jahren Getrenntleben eine Scheidungsklage einreichen und die Ehe wird auf jeden Fall geschieden. Diese zweijährige Frist beginnt mit dem Zeitpunkt der Trennung. Möchten beide Eheleute vorher die Scheidung, können sie jederzeit ein gemeinsames Scheidungsbegehren einreichen.

Was gilt, wenn ein Ehepaar während der zweijährigen Trennungsfrist für einen Aussöhnungsversuch zusammenzieht und es dann doch nicht klappt? Dauert der Versuch nicht länger als drei Monate, hat er keinen Einfluss auf die Trennungsfrist. Lebt das Ehepaar aber länger zusammen, werden nach einer neuen Trennung die früheren Trennungszeiten nicht angerechnet. Das spielt allerdings nur eine Rolle, wenn ein Ehepartner die Scheidung möchte, der andere aber (noch) nicht. Der Scheidungswillige muss so nochmals zwei volle Jahre warten, bis er die Scheidungsklage einreichen kann.

Füreinander vorsorgen

Es gibt gute Zeiten und es gibt schlechte Zeiten. Aber hoffen wir nicht insgeheim stets, dass der Kelch an uns vorübergeht? Nichts gegen eine positive Lebenseinstellung! Mit einer optimalen Vorsorge können Sie die Folgen eines Schicksalsschlags abfedern und dafür sorgen, dass Sie sich auch nach der Pensionierung nicht unnötig einschränken müssen.

7

Vorsorgen für Krankheit, Unfall und Invalidität

Im Beobachter-Familienmonitor 2008 wünschten sich die Befragten in erster Linie, gesund zu bleiben. Kommt es doch einmal anders, können alle Einwohner der Schweiz für die Heilungskosten auf eine gute Grundversorgung zählen. Die Abdeckung der Risiken Erwerbsausfall und Invalidität ist dagegen unterschiedlich – je nachdem, ob Sie angestellt, selbständig oder gar nicht erwerbstätig sind.

Prüfen Sie also, wie es um Ihr persönliches Sicherheitsnetz steht, welche Vorsorgebedürfnisse Sie haben, wo sich allenfalls Lücken öffnen und wie Sie diese mit einer privaten Zusatzversicherung abdecken können. Wenn die Vorsorge nicht (mehr) gewährleistet ist, sorgen für IV- oder AHV-Rentner Ergänzungsleistungen und für alle andern die staatliche Sozialhilfe dafür, dass niemand existentielle Not leiden muss. Als Erstes eine kurze Übersicht über das, was von den Sozialversicherungen abgedeckt ist.

Heilungskosten bei Unfall und Krankheit

Wer in der Schweiz wohnt, muss sich obligatorisch bei einer Krankenkasse versichern. Die Krankenkassen decken die Heilungskosten bei Krankheit und Unfall sowie die Kosten von Schwangerschaft und Geburt. Obligatorisch ist nur die Grundversicherung. Mit freiwilligen Zusätzen lassen sich noch weitere Leistungen versichern, zum Beispiel die freie Arztwahl, ein Privatzimmer im Spital oder Behandlungen der Komplementärmedizin.

Sind Sie mehr als acht Stunden pro Woche beim selben Arbeitgeber angestellt, sind Sie gegen alle Unfallfolgen versichert und können die Unfalldeckung bei der Krankenkasse sistieren und so Prämien sparen. Denken Sie aber daran, wenn Sie zum Beispiel nach der Heirat die Erwerbstätigkeit aufgeben, diesen Teil wieder zu versichern.

Prämienverbilligung Bund und Kantone verbilligen die Krankenkassenprämien, wenn gewisse Einkommens- und Vermögensgrenzen unterschritten werden. Ist Ihr Familienbudget knapp, prüfen Sie unbedingt, ob Sie darauf Anspruch haben. Sie erhalten nämlich nicht in jedem Kanton automatisch einen Abzug auf den Prämien oder eine Information (siehe Seite 120).

Das Unfall- und das Krankentaggeld

Können Angestellte nach einem **Unfall** nicht arbeiten, erhalten sie obligatorisch ein Taggeld von 80 Prozent des Lohnes, bis die Heilbehandlung abgeschlossen ist (maximal von 126 000 Franken pro Jahr, Stand 2009). Sind Sie pro Woche weniger als acht Stunden im selben Betrieb tätig, müssen Sie abklären, ob Sie dieses Taggeld auch erhalten, wenn der Unfall in Ihrer Freizeit passiert ist. Wenn nicht, können Sie diese Lücke selber schliessen (siehe Seite 175).

Können Sie wegen einer **Krankheit** ganz oder teilweise nicht arbeiten, ist der Lohnersatz nicht überall garantiert. Klären Sie unbedingt bei Ihrem Arbeitgeber ab, wie lange und in welcher Höhe Sie im Krankheitsfall den Lohn erhalten. Obligatorisch ist nur so viel: Ab dem vierten Anstellungsmonat muss der Arbeitgeber den Lohn im ersten Dienstjahr während drei Wochen übernehmen, danach je nach Region und Dienstalter entsprechend länger (im Kanton Basel beispielsweise im zehnten Dienstjahr während drei Monaten).

Immerhin haben viele Arbeitgeber für ihre Belegschaft freiwillig eine Krankentaggeldversicherung abgeschlossen. Meist decken solche Versicherungen während maximal zwei Jahren 80 bis 100 Prozent des Lohnes ab. Sind Sie über Ihren Arbeitgeber ungenügend gedeckt, prüfen Sie eine eigene Absicherung.

Sind Sie selbständigerwerbend, fehlen diese Absicherungen gegen Erwerbsausfall. Deshalb sollten Sie das Nötige unbedingt privat versichern (siehe Seite 176).

Was gilt bei einer Invalidität?

Nicht jede Krankheit lässt sich heilen und manchmal führt ein Unfall zu bleibenden Schäden. Wer dadurch dauerhaft in der Erwerbstätigkeit oder im Haushalt eingeschränkt ist, hat Anspruch auf Renten der Invalidenversicherung (IV).

So werden IV-Renten berechnet Waren Sie vor der Krankheit oder dem Unfall erwerbstätig, wird das Einkommen, das Sie ohne die gesundheitliche Beeinträchtigung erzielen könnten, verglichen mit dem Einkommen, das trotz Gesundheitsschaden noch möglich wäre. Aus der Differenz wird dann der sogenannte Invaliditätsgrad ermittelt. Bei Hausfrauen und Hausmännern wird überprüft, wie stark sie in der Kinderbetreuung und Haushaltsführung eingeschränkt sind. Je nach Invaliditätsgrad gibt es eine ganze IV-Rente oder eine Teilrente. Die maximale ganze IV-Rente beträgt 2280 Franken pro Monat (Stand 2009).

Erhält die Mutter oder der Vater eine Rente der Invalidenversicherung, gibt es zusätzlich eine Kinderrente für jedes Kind unter 18 Jahren sowie für Kinder in Ausbildung bis höchstens zum 25. Geburtstag. Maximal sind das 912 Franken pro Monat. Erhalten beide Eltern eine IV-Rente, beträgt die Kinderrente höchstens 1368 Franken pro Monat.

Von einer IV-Rente allein lässt sich kaum leben. Sind Sie IV-Bezügerin oder IV-Bezüger und leben Sie in knappen finanziellen Verhältnissen, haben Sie Anspruch auf Ergänzungsleistungen (siehe Seite 179).

Ergänzung durch die Unfallversicherung Arbeitnehmer und Arbeitnehmerinnen, die wegen eines Unfalls eine bleibende Beeinträchtigung ihrer Erwerbsfähigkeit erlitten haben, erhalten auch von der obligatorischen Unfallversicherung eine Invalidenrente. Diese beträgt 80 Prozent des versicherten Verdienstes (maximal von 126 000 Franken). Allerdings: Zusammen mit der IV-Rente dürfen die Zahlungen 90 Prozent des bisherigen Lohnes nicht übersteigen. Sonst kürzt die Unfallversicherung ihre Leistung auf diesen Betrag.

Ergänzung durch die Pensionskasse Hat die IV eine Rente zugesprochen, richtet die Pensionskasse zusätzlich eine Invalidenrente aus. In der Regel übernimmt sie den von der IV bestimmten Invaliditätsgrad. Die Höhe der Pensionskassenleistung hängt ab von den eingezahlten Beiträgen und vom Reglement der Kasse.

Auch die Pensionskasse richtet für Kinder unter 18 oder, wenn sie noch in Ausbildung sind, bis maximal zum 25. Geburtstag eine Kinderzusatzrente aus. Diese beträgt 20 Prozent der eigenen Rente. Und auch die Pensionskasse kennt eine Obergrenze: Die Leistungen von IV, Pensionskasse und allenfalls Unfallversicherung dürfen nicht mehr als 90 Prozent des entgehenden Einkommens ausmachen.

Beeinflussen lässt sich die Höhe dieser Renten kaum. Mit welchen Leistungen Sie rechnen könnten, erfahren Sie bei der AHV-Ausgleichskasse, Ihrer Unfallversicherung und auf Ihrem jährlichen Vorsorgeausweis von der Pensionskasse. Je nach Ergebnis lohnt sich der Abschluss einer privaten Zusatzversicherung.

Risiken selber absichern

Arbeitnehmer sind gegen die Folgen eines Unfalls in der Regel gut abgesichert. Besteht in Ihrem Betrieb aber keine Krankentaggeldversicherung für die Angestellten, erhalten Sie bei Krankheit den Lohn

Checkliste: Sind wir genügend versichert?

Risiko	Gedeckt?		Absicherungsbedarf
	Ja	Nein	
Heilungskosten Krankheit			
Heilungskosten Unfall			
Erwerbsausfall Krankheit			
Erwerbsausfall Unfall			
Haushaltsarbeit und Kinderbetreuung			
Einkommen bei Invalidität			

nur für eine beschränkte Zeit. Dann sollten Sie eine private Taggeldversicherung prüfen. Diese können Sie bei einer Krankenkasse oder einem Versicherer abschliessen und ganz nach Ihren Bedürfnissen ausrichten: Erhalten Sie zum Beispiel vom Arbeitgeber im Krankheitsfall vier Wochen lang den Lohn, können Sie den Bezug des Taggelds um dieses vier Wochen aufschieben und damit Prämien sparen. Die Absicherung des Erwerbsausfalls lässt sich auf eine allfällige Invalidität ausweiten. Diesen Zusatz können Sie auch über die steuerbegünstigte Säule 3a versichern.

Sind Sie teilzeiterwerbstätig und weniger als acht Stunden pro Woche beim selben Arbeitgeber angestellt, müssen Sie die Heilungskosten für Freizeitunfälle selber versichern. Am einfachsten geht das über Ihre Krankenkasse.

Als **Selbständigerwerbender** erhalten Sie gar keinen Lohn, wenn Sie verunfallen oder krank sind. Werden Sie gar invalid, gibt es nur die staatliche IV-Rente, mit der allein man nicht über die Runden kommt. Sie müssen also unbedingt für genügend Schutz gegen die Risiken Erwerbsunfähigkeit und Invalidität sorgen. Dazu haben Sie verschiedene Möglichkeiten: Sie können sich freiwillig einer Pensionskasse und / oder einer Unfallversicherung anschliessen, eine Risikoversicherung in der steuerbegünstigten Säule 3a abschliessen oder sich über eine andere Versicherungslösung absichern.

Muss Ihr Versicherer bereits ab dem ersten Tag einer Erwerbsunfähigkeit zahlen, sind die Prämien natürlich teurer, als wenn er zum Beispiel erst nach 60 Tagen einspringt. Prüfen Sie deshalb, wie viel Zeit ohne Einkommen Sie selber überbrücken können, und schliessen Sie die Versicherung mit einer entsprechenden Wartefrist ab.

Hausfrauen und Hausmänner haben bei einer Krankheit oder nach einem Unfall streng genommen keinen Erwerbsausfall. Je nachdem braucht die Familie dann aber die Unterstützung einer Haushaltshilfe, vielleicht müssen auch die Kinder extern betreut werden. Die daraus entstehenden Mehrkosten lassen sich durch eine private Taggeldversicherung ganz oder teilweise abdecken. Vergewissern Sie sich aber beim Abschluss, dass die Versicherung das Taggeld tatsächlich auch ohne Lohnausfall zahlt.

Unterstützung beim Abklären Ihrer Vorsorgebedürfnisse und beim Einholen von Offerten erhalten Sie bei einer unabhängigen Versicherungsberatung (Adressen im Anhang).

Vorsorgen fürs Alter

Die Schweizer Altersvorsorge basiert auf drei Säulen: der staatlichen Alters- und Hinterlassenenversicherung (AHV) als 1. Säule, der beruflichen Vorsorge (Pensionskasse) als 2. Säule und auf dem privaten Sparen als 3. Säule.

Die AHV sollte die Existenzsicherung im Alter garantieren, was sie allerdings mit derzeit maximal 2280 Franken Rente pro Monat nicht tut. Deshalb wird die AHV-Rente bei Bedarf mit Ergänzungsleistungen aufgestockt. Die 2. Säule will den gewohnten Lebensstandard auch nach der Pensionierung decken und die 3. Säule ermöglicht individuelle Ergänzungen.

Im Folgenden finden Sie eine Übersicht über die Leistungen der Altersvorsorge. Mehr Informationen und Ratschläge zur Optimierung erhalten Sie in den Beobachter-Ratgebern «Richtig vorsorgen. Finanziell gesichert in die Pensionierung» und «Pensionskasse. Vorsorge, Finanzierung, Sicherheit, Leistung» (www.beobachter.ch/buchshop).

Die AHV-Rente

Die gesamte Wohnbevölkerung ist obligatorisch über die AHV versichert. Ehefrau und Ehemann erhalten je ihre eigene Rente. Die Höhe hängt von der Anzahl Beitragsjahre und der versicherten Lohnsumme ab und beträgt maximal 2280 Franken pro Monat (Stand 2009).

Die während der Ehe eingezahlten Beiträge von Mann und Frau werden ihnen für die Rentenberechnung je hälftig auf ihrem individuellen Konto gutgeschrieben. Im Juristenjargon nennt man das Splitting. Das Splitting wird aber erst vorgenommen, wenn auch der zweite Ehepartner seine Rente bezieht. Bezieht erst der Ehemann AHV, wird seine Rente nur auf der Grundlage seiner eigenen Beiträge berechnet. Sobald seine Frau ebenfalls das AHV-Alter erreicht, erfolgt das Splitting. Je nachdem kann das zu einer Erhöhung oder Senkung der ersten Rente führen.

Die Plafonierung Haben beide Eheleute das AHV-Rentenalter erreicht, erhalten sie zusammen höchstens 150 Prozent der maximalen Rente, also maximal 3420 Franken pro Monat. Damit sind sie gegenüber unverheirateten Paaren benachteiligt. Diese erhalten nämlich zwei ungekürzte Renten, maximal also 4560 Franken. Gegen diese Ungleichbehandlung können Sie nichts unternehmen, ausser Sie lassen sich scheiden oder leben gerichtlich getrennt.

Zusatzrenten für die Kinder Wenn der Vater oder die Mutter eine Altersrente bezieht, gibt es für die Kinder unter 18 Jahren sowie für Kinder in Ausbildung bis maximal zum 25. Geburtstag zusätzlich eine Kinderrente. Sie beträgt 40 Prozent der entsprechenden Altersrente, maximal 912 Franken pro Monat. Sind beide Eltern im AHV-Alter, beträgt die Kinderrente höchstens 1368 Franken (Stand 2009).

Erziehungs- und Betreuungsgutschriften Für die Jahre, in denen Sie die elterliche Sorge über eines oder mehrere Kinder unter 16 ausüben, werden Ihrem AHV-Konto automatisch Erziehungsgutschriften angerechnet. Bei verheirateten Eltern wird die Erziehungsgutschrift je zur Hälfte auf dem individuellen Konto von Mann und Frau eingetragen.

Wer während mindestens 180 Tagen im Jahr zu Hause nahe Verwandte wie Eltern, Grosseltern oder Geschwister betreut, kann Betreuungsgutschriften beanspruchen. Im Gegensatz zu den Erziehungsgutschriften müssen Sie diesen Anspruch jedes Jahr bei der Ausgleichskasse anmelden.

Die Erziehungs- und Betreuungsgutschriften betragen 41 040 Franken pro Jahr (Stand 2009). Das kann die spätere AHV-Rente unter Umständen deutlich verbessern.

Darauf müssen Sie achten Für die Höhe der AHV-Rente ist nicht nur die Summe der eingezahlten Beträge massgebend. Auf eine maximale Rente kommt nur, wer ab dem 20. Geburtstag jedes Jahr bis zur Pensionierung Beiträge geleistet hat. Für jedes fehlende Beitragsjahr wird die Rente um $^1/_{44}$ reduziert. Für Angestellte hat der Arbeitgeber die Beiträge abzurechnen, Arbeitslosen zieht die Arbeitslosenkasse die Beiträge vom Taggeld ab.

Es lohnt sich, allfällige Beitragslücken zu füllen; Nachzahlungen können Sie aber nur für die letzten fünf Jahre leisten. Bestellen Sie deshalb alle fünf Jahre einen Auszug Ihres individuellen Kontos und kontrollieren Sie, ob Ihre Arbeitgeber korrekt abgerechnet haben. Bewahren Sie Ihre Lohnabrechnungen als Beweis auf und melden Sie allfällige Lücken Ihrer Kasse; diese kümmert sich dann um die Nachzahlung. Den Auszug können Sie bei jeder Kasse bestellen, die auf Ihrem AHV-Ausweis eingetragen ist, oder unter www.ahv.ch (→ Formulare → Kontoauszug).

Hausfrauen oder Hausmänner ohne eigenes Einkommen sind über den Ehepartner, die Ehepartnerin automatisch mitversichert, wenn deren Beiträge jährlich mindestens 920 Franken erreichen (Stand 2009). Damit sind die meisten Hausgatten versichert und müssen nichts unternehmen. Das gilt auch, wenn Sie getrennt leben.

Alle andern müssen sich selber um die AHV-Beiträge kümmern. Das sind insbesondere Selbständigerwerbende, geschiedene oder verwitwete Eheleute ohne Erwerb sowie vorzeitig Pensionierte.

Die Ergänzungsleistungen

Weil die maximale Rente von 2280 Franken pro Monat das Existenzminimum nicht abdeckt, haben AHV-Rentnerinnen und -Rentner in knappen finanziellen Verhältnissen zusätzlich Anspruch auf Ergänzungsleistungen (EL). Das sind keine Fürsorgegelder, sondern ebenfalls Versicherungsleistungen, die für alle AHV- wie auch IV-Bezüger einheitlich geregelt sind.

Zur Berechnung werden, grob gesagt, die gesetzlich anerkannten Ausgaben und die Einnahmen einander gegenübergestellt (für Personen, die zu Hause leben, gelten andere Ansätze als für Personen, die im Heim wohnen). Resultiert ein Manko, wird dieses durch die EL gedeckt. Je nach Kanton gibt es zusätzlich kantonale Beihilfen und je nach Gemeinde sogar noch einen Gemeindezuschuss.

Bei Ehepaaren ist für die Berechnung des Anspruchs das gesamte eheliche Vermögen und Einkommen relevant. Lebt ein Ehegatte im Heim oder im Spital, wird die jährliche EL für Mann und Frau einzeln berechnet. Dabei werden die Einnahmen und das Vermögen der Eheleute zu gleichen Teilen auf beide verteilt. Als Lebensbedarf für

Berechnung der Ergänzungsleistungen

Das Ehepaar M. lebt selbständig in einer Wohnung. Anfang Jahr haben die beiden ihrem Sohn 200 000 Franken geschenkt.

	Ohne Vermögensverzicht	Mit Vermögensverzicht
Ausgaben		
Pauschale für Lebensbedarf	28 080	28 080
Miete	15 000	15 000
Krankenkasse	8 376	8 376
Total Auslagen	51 456	51 456
Einkünfte		
Einkünfte Mann	12 000	12 000
Einkünfte Frau	30 000	30 000
Fiktives Einkommen aus Vermögensverzicht (1/10 von 200 000)		20 000
Total Einkünfte	42 000	62 000
Differenz = Ergänzungsleistung	**8 586**	**0**

Verheiratete, die zu Hause wohnen, werden pauschal 28 080 Franken berücksichtigt (Stand 2009). Als jährlicher Mietzins werden maximal 15 000 Franken angerechnet.

Vorsicht bei freiwilligem Vermögensverzicht! Wer Schenkungen oder Erbvorbezüge ausrichtet, zum Beispiel seine Liegenschaft ganz oder teilweise der Tochter weitergibt, wird bei der EL-Berechnung so behandelt, wie wenn das Vermögen noch vorhanden wäre. Das bedeutet: weniger oder gar keine Ergänzungsleistungen (siehe Kasten).

Immerhin darf man jedes Jahr 10 000 Franken verschenken. Wenn Sie vor acht Jahren Ihrem Sohn 70 000 Franken geschenkt haben, müssen Sie sich nichts mehr anrechnen lassen. Ansonsten wird bei AHV-Rentnern $^{1}/_{10}$ der zu viel geschenkten Summe zum Einkommen hinzugerechnet. Wer also zum Beispiel 200 000 Franken verschenkt hat und innert eines Jahres Ergänzungsleistungen benötigt, muss sich 20 000 Franken anrechnen lassen. Im nächsten Jahr sind es noch 19 000 Franken, im übernächsten 18 000 Franken, bis die Schenkung nach 21 Jahren ganz «amortisiert» ist.

Selber aktiv werden Ergänzungsleistungen werden nur auf Antrag ausgerichtet. Wenn Sie in knappen finanziellen Verhältnissen leben, melden Sie sich bei der Gemeindezweigstelle Ihres Wohnorts für die Berechnung an. Sie können nichts verlieren: Die Berechnung ist kostenlos, im schlimmsten Fall heisst es höchstens, dass Sie (noch) keinen Anspruch haben.

Im Internet unter www.ahv.ch (→ Ergänzungsleistungen) finden Sie weitere Informationen. Unter anderem können Sie dort provisorisch Ihren Anspruch auf EL berechnen. Hilfe beim Prüfen des Anspruchs erhalten Sie auch bei der Pro Senectute.

Die Altersleistungen der Pensionskasse

Die Leistungen aus der 2. Säule sind im Bundesgesetz über die berufliche Alters-, Hinterlassenen- und Invalidenvorsorge (BVG) umschrieben. Zusammen mit der AHV-Rente sollen die BVG-Leistungen etwa

60 Prozent des bisherigen Lohnes abdecken. Obligatorisch BVG-versichert sind nur Arbeitnehmerinnen und Arbeitnehmer ab einem jährlichen Einkommen von 20 520 Franken (Stand 2009). Selbständigerwerbende dürfen sich freiwillig einer Pensionskasse anschliessen, nicht jedoch Personen, die keiner Erwerbstätigkeit nachgehen.

Jeder Ehegatte bezieht seine eigene BVG-Rente; anders als bei der AHV gibt es hier keine Plafonierung. Die Rente wird lebenslang ausgezahlt. Statt der Rente kann man mindestens einen Viertel des Altersguthabens als Kapital beziehen, bei vielen Pensionskassen auch das ganze Guthaben. Für einen solchen Kapitalbezug braucht es die schriftliche Zustimmung des Ehemanns bzw. der Ehefrau.

Rente oder Kapitalbezug? Welche Lösung für Ihre Familie besser ist, sollten Sie spätestens fünf Jahre vor der Pensionierung mit Versicherungsfachleuten besprechen.

Die Situation für die Hausfrau, den Hausmann Sind Sie nicht erwerbstätig, sind Sie anders als bei der AHV nicht über den Ehepartner mitversichert. In einer intakten Ehe ist das auch nicht nötig. Eine Aufteilung des während der Ehe gesparten Altersguthabens gibt es aber bei einer Scheidung. Juristen sprechen dann vom Vorsorgeausgleich oder PK-Splitting. Dabei werden die von Mann und Frau geäufneten Altersguthaben von der Heirat bis zum Scheidungsdatum addiert und je hälftig auf beide Eheleute verteilt. Das gilt auch bei Gütertrennung.

Alice H. hat während der Ehe ein Altersguthaben von 50 000 Franken angespart, Ehemann Rolf 200 000 Franken. Aus der Ehezeit stehen ihnen damit je 125 000 Franken zu. Das Scheidungsgericht weist die Pensionskasse von Herrn H. an, die Differenz zwischen 125 000 und 50 000 Franken, also 75 000 Franken, an die Pensionskasse seiner Frau zu überweisen.

Das PK-Splitting bei der Scheidung wurde im Jahr 2000 eingeführt. Es hat eine spürbare Verbesserung der Altersvorsorge vor allem für geschiedene Frauen gebracht, die wegen der Familienarbeit nur wenig oder gar kein eigenes Altersguthaben aufbauen können.

Lücken durch private Vorsorge abdecken

Bei der AHV-Ausgleichskasse können Sie einen Antrag auf Vorausberechnung der AHV-Rente stellen. Die voraussichtliche Pensionskassenrente entnehmen Sie Ihrem aktuellen Vorsorgeausweis. Wenn diese Leistungen für den gewünschten Lebensstandard im Alter nicht ausreichen, lassen sich die Lücken durch freiwilliges Sparen oder mit einer Versicherung abdecken. Insbesondere Selbständigerwerbende sollten sich um eine zusätzliche Altersvorsorge kümmern. Sie können sich bei einer Pensionskasse anschliessen, die steuerlich privilegierte Säule 3a nutzen oder eine Versicherungslösung der Säule 3b wählen.

Sparen und Versichern in der Säule 3a Nur erwerbstätige Personen können bei der Säule 3a sparen oder sich versichern. Es spielt dabei keine Rolle, wie hoch Ihr Arbeitspensum ist und ob Sie angestellt oder selbständigerwerbend sind. Wie viel Sie maximal pro Jahr einzahlen dürfen, hängt davon ab, ob Sie Beiträge an die berufliche Vorsorge (2. Säule) leisten.

- Wer über die 2. Säule versichert ist, darf pro Jahr maximal 6566 Franken (Stand 2009) einzahlen.
- Wer nicht bei einer Pensionskasse versichert ist, kann 20 Prozent des Erwerbseinkommens, maximal aber 32 832 Franken pro Jahr einzahlen.

Die Einzahlungen in die Säule 3a können Sie in der Steuererklärung abziehen – das macht diese Art des Sparens besonders attraktiv. Im Gegenzug sind die 3a-Guthaben für die Altersvorsorge gebunden und können frühestens fünf Jahre vor dem ordentlichen Pensionsalter bezogen werden. Früher ist der Bezug nur bei Aufnahme einer selbständigen Erwerbstätigkeit, beim Wegzug ins Ausland oder für den Kauf von selbst genutztem Wohneigentum erlaubt.

Sowohl die Banken wie auch die Versicherer haben Angebote für die Säule 3a. Steht das Sparen im Vordergrund und sind keine Risikoabsicherungen nötig, werden Sie eher ein 3a-Konto wählen. Selbständigerwerbende, die zum Beispiel ihre Familie gegen das Todesfallrisiko versichern möchten, sollten auch 3a-Policen prüfen.

Anders als die Pensionskassenguthaben zählen Guthaben der Säule 3a güterrechtlich zum ehelichen Vermögen. Und weil die Einzahlungen in aller Regel aus dem Erwerbseinkommen stammen, muss das Geld in der Säule 3a im Scheidungsfall geteilt werden (ausser bei Gütertrennung).

Die Lebensversicherung Es gibt verschiedene Arten von Lebensversicherungen. Bei einer Leibrentenpolice erhält man zum Beispiel ab dem vereinbarten Zeitpunkt eine lebenslängliche Rente als Zusatzeinkommen. Bei der Sparversicherung wird zum festgelegten Zeitpunkt ein Alterskapital ausbezahlt. Kombiniert mit dem Sparen ist jeweils auch ein Risikoschutz für den Todesfall und / oder Erwerbsausfall. Solche Policen können mit jährlichen Prämien oder auch mit einer einmaligen Zahlung (Einmaleinlage) finanziert werden.

Ob eine Lebensversicherung für Sie und Ihre Familie sinnvoll ist und wenn ja, welche, hängt von Ihrer individuellen Situation ab. Auch steuerliche Aspekte sind zu berücksichtigen. Am besten lassen Sie sich beraten. Holen Sie Offerten von mehreren Anbietern ein und / oder wenden Sie sich an einen unabhängigen Versicherungsberater.

Vorsorgen für den Todesfall

Wer beim Tod eines Menschen dessen Hab und Gut erbt, ist im Schweizerischen Zivilgesetzbuch (ZGB) geregelt. Dieses lässt aber auch Raum für eigene, vom Gesetz abweichende Anordnungen. Viele Ehepaare nutzen diesen Spielraum, um sich gegenseitig bestmöglich zu begünstigen.

Beachten müssen Sie dabei insbesondere die Pflichtteile Ihres Ehemanns, Ihrer Ehefrau, Ihrer Nachkommen oder Eltern sowie das Güterrecht. Neben dem Erbrecht helfen auch Hinterlassenenleistungen der staatlichen Sozialversicherung und aus privater Vorsorge, die Liebsten abzusichern.

Sind die Verhältnisse komplex oder möchten Sie sicher sein, dass Ihre Wünsche hieb- und stichfest formuliert sind, lohnt sich eine Beratung durch eine Anwältin.

Die gesetzliche Erbfolge und die Pflichtteile

Wer zum Kreis der gesetzlichen Erben gehört, bestimmt die sogenannte Stammesordnung im ZGB. Hinterlassen Sie eine Ehefrau, einen Ehemann, müssen Sie sich nur die Regeln für den ersten und den zweiten Stamm merken:

— Zum ersten Stamm gehören die eigenen Nachkommen, also die Kinder oder, falls diese schon verstorben sind, die Enkel. Die Nachkommen erhalten zusammen die Hälfte des Nachlasses. Die andere Hälfte geht an den hinterbliebenen Ehegatten.
— Fehlen Nachkommen, erben neben dem Ehegatten die Eltern. Sind sie vorverstorben, geht das Erbe an die Geschwister; ist ein Geschwister vorverstorben, kommen dessen Nachfahren, also die Nichten oder Neffen, zum Zug. Die Erben des zweiten oder elterlichen Stammes erhalten zusammen einen Viertel des Erbes. Drei Viertel gehen an den überlebenden Ehepartner.
— Hinterlassen Sie weder Nachkommen noch Erben des elterlichen Stammes, erbt Ihre Ehefrau, Ihr Ehemann automatisch alles.

Die Pflichtteile Wenn Ihnen die gesetzliche Erbfolge nicht passt, dürfen Sie sie abändern. Drei Kategorien von gesetzlichen Erben können aber auf einem Teil ihres gesetzlichen Erbteils beharren. Diesen Anspruch nennt man den Pflichtteil.

— Für Nachkommen beträgt der Pflichtteil drei Viertel des gesetzlichen Anteils. Sie können Ihren Kindern also nur einen Viertel ihres Erbanspruchs wegnehmen.
— Der hinterbliebene Ehegatte und die Eltern haben einen kleineren Pflichtteil, nämlich die Hälfte ihres gesetzlichen Erbanspruchs.

Gut zu wissen: Gesetzliche Erben – also die Nachkommen, die Eltern und der Ehegatte – können auf ihren Pflichtteil verzichten. Zum Beispiel, indem sie schon zu Lebzeiten in einem Erbvertrag den Verzicht förmlich erklären. Oder auch, indem sie im Todesfall gegen

Frei verfügbare Quote für den Ehepartner

Hinterlassene neben dem Ehegatten	Gesetzliche Erbteile	Gesetzliche Pflichtteile	Erbanspruch	Maximale Quote für den Ehegatten
Nachkommen	1/2	3/4 von 1/2	3/8	5/8
Vater und Mutter	1/8 + 1/8	1/2 von 2/8	1/8	7/8
Vater oder Mutter zusammen mit Geschwistern oder Nichten, Neffen	1/8 + 1/8	1/2 von 1/8 + 0	1/16	15/16
Vater oder Mutter ohne Geschwister oder Nichten, Neffen	1/4	1/2 von 1/4	1/8	7/8
Nur Geschwister oder Nichten, Neffen	1/4	0	0	Ganzer Nachlass

einen Ehevertrag oder ein Testament nichts unternehmen, obwohl darin ihre Pflichtteile verletzt werden. Ein Testament mit «ungesetzlichen» Verfügungen wird nämlich nur dann für ungültig erklärt, wenn ein betroffener Erbe dagegen klagt. Verpassen die Pflichtteilserben nach dem Tod die einjährige Klagefrist oder anerkennen sie das Testament, gelten die Anordnungen darin definitiv.

Den Ehepartner bestmöglich begünstigen

Die meisten Ratsuchenden an der Beobachter-Hotline wünschen sich, dass ihre Ehefrau bzw. ihr Mann nach ihrem Tod das gesamte eheliche Vermögen erhält. Solche Wünsche lassen sich via Testament ganz oder zumindest teilweise realisieren. Der oben stehende Kasten zeigt Ihnen, welche Quote Sie im Testament Ihrem Partner, Ihrer Partnerin auf jeden Fall zuweisen können:

Wichtig: Haben Sie keine Kinder und sind Ihre Eltern schon verstorben, können Sie Ihren gesamten Nachlass dem Ehemann, der Ehefrau vermachen. Dazu müssen Sie aber die Erben des elterlichen Stammes – Geschwister oder Nichten und Neffen – in einem Testament enterben. Ein einziger Satz reicht: Ich setze meine Ehefrau / meinen Ehemann zu meiner Alleinerbin / meinem Alleinerben ein.

Formvorschriften für Ihr Testament Das Testament muss von Anfang bis Ende von Hand verfasst, datiert und unterzeichnet sein. Die Ortsangabe ist fakultativ. Nicht zulässig wäre es, wenn ein Ehemann das Testament seiner Frau handschriftlich abfasst und sie nur unterzeichnen lässt. Es braucht die eigene Handschrift von Anfang bis Ende!

Wer nicht mehr selber schreiben kann oder will, kann ein sogenanntes öffentliches Testament errichten. Öffentlich heisst nicht, dass die Allgemeinheit von Ihrem letzten Willen erfährt. Es bedeutet, dass Ihr Testament nach Ihren Wünschen und in Ihrem Beisein von einer Urkundsperson – meist einem Notar – aufgesetzt und von ihm sowie von zwei Zeugen beurkundet wird. Die Zeugen erfahren dabei in aller Regel nichts vom Inhalt.

Die beiden Testamentarten unterscheiden sich nur in der Form. Die eine hat nicht mehr Gewicht als die andere.

Befürchten Sie, dass übergangene Erben Ihr Testament später anfechten mit der Behauptung, Sie seien bei der Abfassung nicht urteilsfähig gewesen? Dann lassen Sie besser ein öffentliches Testament aufnehmen. So werden die Erben Mühe haben, zu beweisen, dass Sie zum Zeitpunkt des Testierens nicht bei Sinnen waren. Das hätten der Notar und die Zeugen ja merken müssen.

Es ist wichtig, dass Ihr Testament nach dem Tod schnell gefunden wird. Wenn Sie es zu Hause aufbewahren, legen Sie es am besten zu Ihren Ausweisschriften. Sie können es auch einer Vertrauensperson übergeben – Ihrem Ehegatten zum Beispiel – oder es gegen eine Gebühr bei einer amtlichen Stelle hinterlegen.

Ihr Testament können Sie im Übrigen jederzeit abändern oder neu verfassen. Am klügsten ist es dann, es ganz neu zu schreiben und am Anfang folgenden Satz zu verwenden: Ich widerrufe sämtliche testamentarischen Verfügungen, die ich je abgefasst habe. So gibt es nach Ihrem Tod keine Unsicherheit, welches Testament denn gültig sein soll. Ein Mustertestament finden Sie im Anhang.

Pflichtteile via Ehevertrag ausschalten oder schmälern Kinderlose Ehepaare, deren Eltern noch leben, und Ehepaare mit Kindern können die Pflichtteile nicht mit einem Testament ausschalten. In einem Ehevertrag ist dies aber manchmal möglich. Darin können Sie nämlich bestimmen, dass der gesamte Vorschlag an den hinterbliebenen Ehegatten geht (siehe Seite 79). Besteht das eheliche Vermögen nur aus Errungenschaft, fällt so nichts in den Nachlass und es gibt auch nichts mit den Kindern oder den Eltern zu teilen. Das funktioniert aber nur gegenüber gemeinsamen Kindern oder bei kinderlosen Ehepaaren gegenüber den Eltern. Stiefkinder können immer auf ihrem Pflichtteil bestehen.

Das Vermögen von Jana und Karel G. besteht ausschliesslich aus Errungenschaft in der Höhe von 200 000 Franken. Die beiden haben in einem Ehevertrag vereinbart, dass der gesamte Vorschlag an den hinterbliebenen Ehegatten fallen soll. Als Karel G. stirbt, erhält seine Witwe das ganze Vermögen; die Tochter Rahel geht leer aus. Ohne diesen Ehevertrag würde die Hälfte des Vorschlags in den Nachlass von Karel G. fallen und davon hätte Rahel wiederum die Hälfte, also 50 000 Franken, zugut. Und auch wenn Karel G. seine Tochter im Testament auf den Pflichtteil gesetzt hätte, erhielte sie immer noch 37 500 Franken.

Möglichkeiten mit der Gütergemeinschaft Haben Sie Kinder aus einer früheren Beziehung, ist viel voreheliches Vermögen vorhanden oder hat einer von Ihnen während der Ehe einiges geerbt, fahren Sie mit einem Ehevertrag auf Gütergemeinschaft allenfalls besser. Damit lässt sich unter Umständen der Pflichtteil der Kinder tiefer halten als bei den andern Güterständen. Kinderlose Ehepaare können trotz Eigengütern den Erbteil der Eltern sogar ganz ausschalten. Das folgende Beispiel zeigt, wie gerechnet wird; die Details zum Güterrecht und zum Ehevertrag lesen Sie im Kapitel «Das eheliche Vermögen» (Seite 67). Lassen Sie sich aber von einem Anwalt beraten, was in Ihrer konkreten Situation am besten ist.

Mirjam und Jamil H. haben einen Ehevertrag auf Gütergemeinschaft abgeschlossen. Frau H. hat 200 000 Franken geerbt. Während der Ehe konnte sie aus ihrem Einkommen 40 000 Franken sparen, ihr Mann 80 000 Franken. Das eheliche Vermögen beträgt also total 320 000 Franken und fällt vollumfänglich ins Gesamtgut. Nennenswertes Eigengut haben die beiden nicht. Stirbt Herr oder Frau H., geht die Hälfte des Gesamtguts an die hinterbliebene Seite, die andere Hälfte fällt in den Nachlass. Am Nachlass von Frau H. ist neben ihrem Mann auch ihr Sohn Daniel aus ihrer ersten Ehe beteiligt. Wenn Frau H. zuerst stirbt, erhält ihr Mann dank Gütergemeinschaft insgesamt 260 000 Franken.

Pflichtteil der Nachkommen bei Gütergemeinschaft

	Eigengut Jamil	Gesamtgut Eheleute	Eigengut Mirjam
Eheliches Vermögen	0	320 000	0
In den Nachlass fällt		1/2 = 160 000	
Pflichtteil des Sohnes		3/8 davon = 60 000	
Der Ehemann erhält		260 000	

Anders sähe es aus, wenn für das Ehepaar H. die Errungenschaftsbeteiligung gelten würde. Zwar könnten sich die beiden in einem Ehevertrag gegenseitig den ganzen Vorschlag zuwenden. Doch die 200 000 Franken Erbschaft von Mirjam H. fielen als Eigengut in ihren Nachlass, an dem ihr Sohn Daniel beteiligt wäre. Sein Pflichtteil würde drei Viertel oder 75 000 Franken ausmachen. Damit erhielte Herr H. 15 000 Franken weniger.

Die Nutzniessung

Besitzt ein Ehepaar ein Eigenheim oder ein sehr grosses Vermögen, kann es auch sinnvoll sein, der hinterbliebenen Seite die Nutzniessung daran zu vermachen. Eheleute mit gemeinsamen Kindern können damit sogar legal in deren Pflichtteil eingreifen. Mann und Frau können je ein Testament verfassen und sich gegenseitig die lebenslängliche Nutzniessung am ganzen Nachlass vermachen. Es ist auch möglich, der hinterbliebenen Seite maximal einen Viertel des Nachlasses zu Eigentum und die restlichen drei Viertel zur Nutzniessung zu hinterlassen.

Einen Nachteil kann die Nutzniessung an einer Liegenschaft für die hinterbliebene Seite allerdings haben: Eigentümer sind die Kinder. Einem Verkauf, einer Aufstockung der Hypothek oder einem Umbau müssen sie zustimmen. Der Nutzniesser ist in diesem Sinn nicht «Herr im Haus». Er darf aber die Liegenschaft exklusiv nutzen, das heisst, selber oder mit andern Personen darin wohnen und sie auch an Dritte vermieten. Ist nichts anderes bestimmt, übernimmt der Nutzniesser sämtliche laufenden Kosten für die Liegenschaft, insbesondere den Hypothekarzins.

Im Nachlass von Sven Z. befindet sich eine Liegenschaft im Wert von 750 000 Franken und ein Wertschriftendepot von 250 000 Franken. In seinem Testament hat er seiner Frau Gerda das Wertschriftendepot zu Eigentum und die Liegenschaft zur Nutzniessung zugewendet. Die beiden Töchter der Z.s werden so zwar Eigentümerinnen der Liegenschaft, können aber faktisch kaum etwas damit anfangen, solange ihre Mutter lebt.

Auch die Nutzniessung an einem Vermögen ist möglich. Sie macht aber in der Regel nur bei grossen Vermögen Sinn. Denn die Nutzniesserin darf nur über die Erträge, also Zinsen oder Dividenden, verfügen. Die Vermögenssubstanz darf sie ohne Zustimmung der Eigentümer nicht angreifen.

Formulierung: Anordnung der Nutzniessung im Testament

«Meinem Ehemann Paul weise ich drei Viertel meines Nachlasses zur Nutzniessung und einen Viertel zu Eigentum zu. Er hat insbesondere das Recht, an meiner Liegenschaft, Häuslistrasse 7 in 8400 Winterthur, die lebenslängliche Nutzniessung zu beanspruchen.»

Der Erbvertrag – ideal für Patchwork-Familien

Heiraten zwei Menschen im reiferen Alter, steht nicht immer die bestmögliche erbrechtliche Absicherung des Ehepartners im Vordergrund. Manche wollen im Gegenteil ihr Vermögen den eigenen Kindern oder Verwandten vermachen. In solchen Fällen können Eheleute in einem Erbvertrag gegenseitig verbindlich auf ihr Erbrecht verzichten.

Im Erbvertrag können Sie und Ihre Erben generell im Voraus verbindliche Regelungen für die Verteilung des Nachlasses treffen; ein paar Beispiele:

- Ihre Kinder können zugunsten der Stiefmutter teilweise oder ganz auf den Pflichtteil verzichten.
- Sie stellen gemeinsam sicher, dass alle Kinder in der Patchwork-Familie erbrechtlich gleich behandelt werden.
- Sie können mit Ihren Kindern verbindlich abmachen, zu welchem Wert der Vorbezug eines Kindes in der späteren Erbteilung angerechnet wird. Insbesondere bei der lebzeitigen Übertragung einer Liegenschaft auf ein Kind vermeiden Sie so nachträglichen Streit.
- Sie können aber auch nur mit Ihrer Ehefrau, Ihrem Ehemann einen Erbvertrag abschliessen und darin zum Beispiel verbindlich regeln, was mit dem Nachlass des zweitversterbenden Partners geschehen soll.

Das kinderlose Ehepaar M. vereinbart im Erbvertrag, dass der hinterbliebene Ehegatte den gesamten Nachlass erhält. Sollte aber Herr M. zuerst sterben, geht das beim späteren Tod von Frau M. noch vorhandene Vermögen an die Schwester von Herrn M.

Vorschriften für den Erbvertrag Einen Erbvertrag eingehen können nur Personen, die über 18 Jahre alt und urteilsfähig sind. Der Erbvertrag ist wie das öffentliche Testament nur gültig, wenn er bei einer Urkundsperson im Beisein von zwei Zeugen geschlossen wurde. Und selbstverständlich kann niemand gezwungen werden, einen Erbvertrag zu unterzeichnen.

Vor einer Unterzeichnung sollten sich alle Beteiligten die Konsequenzen gut überlegen. Ein einseitiger Widerruf eines Erbvertrags ist nämlich nur in Ausnahmefällen möglich, zum Beispiel wenn eine Partei bedroht wurde. Soll der Vertrag nicht mehr gelten, müssen ihn im Normalfall alle Vertragsparteien schriftlich widerrufen. Auch mit einer Abänderung müssen alle einverstanden sein, die seinerzeit unterschrieben haben.

Begünstigung in Patchwork-Familien Ein gesetzliches Erbrecht besteht nur zwischen Eltern und ihren leiblichen Kindern. Damit auch ein Stiefkind von Ihnen erben kann, müssen Sie ein entsprechendes Testament oder einen Erbvertrag abfassen.

Formulierung: testamentarische Anordnung

«Ich, Ramon H., setze meine Stieftochter, Celia M., geb. 20. Februar 1963, als Erbin ein. Sie erhält die Hälfte meines Nachlasses. Die andere Hälfte geht an meine Ehefrau, Sabrina H.»

Wachsen die Stiefkinder zusammen mit eigenen Kindern im gleichen Haushalt auf, wünschen sich die Eltern oft, dass alle Kinder gleich viel erben. Gegen den Willen des eigenen Nachwuchses oder wenn die Kinder noch nicht 18 sind, wird dies aber wegen der Pflichtteile der leiblichen Kinder schwierig.

Hugo M. hat mit Ehefrau Aisha ein gemeinsames Kind, Leon. Mit zur Familie gehört auch Lara, die Tochter von Aisha aus erster Ehe. Herr M. möchte, dass Lara und Leon je einen Viertel seines Nachlasses von ca. 500 000 Franken erben und hält das so in seinem Testament fest.

Frau M. erhält also ihren gesetzlichen Anteil von 250 000 Franken und je 125 000 Franken gehen an Lara und Leon – falls Leon nichts unternimmt. Er könnte aber das Testament anfechten und seinen Pflichtteil verlangen; das wären drei Viertel von 250 000 Franken, also 187 500 Franken.

Abhilfe schaffen können die M.s mit einem Erbverzichtsvertrag – aber erst wenn Leon volljährig ist. Dann kann er auf seinen Pflichtteil verzichten. Ansonsten ist eine erbrechtliche Gleichstellung beider Kinder nur möglich, wenn Ehefrau Aisha etwas von ihrem Anteil abgibt.

Eine weitere Ungleichbehandlung zwischen Stiefkindern und leiblichen Kindern gibt es bei der Erbschaftssteuer. In fast allen Kantonen sind die Nachkommen von dieser Steuer befreit – aber eben nur die leiblichen. Wollen Eltern also eine vollständige Gleichstellung erreichen, müssten sie auch die unterschiedliche Steuerlast berücksichtigen.

Eheleute mit nicht gemeinsamen Kindern äussern am Beratungstelefon des Beobachters oft den Wunsch, dass zuerst die hinterbliebene Seite alles erben und später bei ihrem Tod der Nachlass zu gleichen Teilen unter die Kinder verteilt werden soll. Auch ein solcher Wunsch lässt sich nur via Erbvertrag realisieren und nur, wenn alle Kinder mitmachen.

Marcel K. hat einen 21-jährigen Sohn, seine Frau Eliane eine 30-jährige Tochter. Die beiden verzichten im Erbvertrag zugunsten des Stiefelternteils auf ihren Pflichtteil. Damit erbt der hinterbliebene Ehegatte zunächst alles. Damit bei seinem Tod nicht nur sein leibliches Kind erbt, setzen Herr und Frau K. beide Kinder als Erben je zur Hälfte ein. Zusätzlich verzichten die Stiefgeschwister untereinander auf die Geltendmachung ihrer Pflichtteile, wenn der zweite Ehegatte stirbt.

Je nach Familienkonstellation sind auch andere Massnahmen sinnvoll. Mehr dazu wie auch zu allen andern erbrechtlichen Fragen lesen Sie im Beobachter-Ratgeber «Testament, Erbschaft. Wie Sie klare und faire Verhältnisse schaffen» (www.beobachter.ch/buchshop).

Damit die Erbabwicklung nicht zum Albtraum wird

Erbstreitigkeiten sind eine üble Sache. Dass sich Ihre Erben einmal in den Haaren liegen, können Sie nicht hundertprozentig verhindern. Sie können aber das Streitpotenzial erheblich reduzieren.

Neben den güter- und erbrechtlichen Vorkehrungen zugunsten des hinterbliebenen Ehegatten sind Teilungsvorschriften hilfreich. Die güter- und erbrechtlichen Quoten sagen nur, wie viel ein Erbe vom gesamten Wert des Nachlasses für sich beanspruchen kann. Wer welche Erbschaftsgegenstände erhält, ist damit noch nicht geklärt. Ob Auto, Hodlerbild oder Wertschriftendepot – ohne Teilungsvorschriften im Testament oder Erbvertrag müssen alle Erben mit der Zuteilung der einzelnen Posten einverstanden sein. Eine Ausnahme gilt nur für den Hausrat und die Familienwohnung: Hier hat der hinterbliebene Ehegatte ein Vorzugsrecht. Für die Aufteilung der andern Nachlassgegenstände braucht es einen einstimmigen Beschluss der Erbengemeinschaft. Ein Mehrheitsbeschluss reicht nicht und das birgt erhebliches Konfliktpotenzial.

Formulierung: Teilungsvorschriften

«Meine Ehegattin Madeleine hat das Recht, die von ihr gewünschten Vermögenswerte und Gegenstände in Anrechnung an ihre güter- und erbrechtlichen Ansprüche vorab auszuwählen.»

«Meine Tochter Diana hat auf Anrechnung an ihren Pflichtteil die Ferienwohnung auf der Lenzerheide zu übernehmen. Alle andern Vermögenswerte gehen an meinen Ehemann Reto. Meine Tochter und mein Ehemann können eine andere Aufteilung wählen, wenn beide das wollen.»

Der Willensvollstrecker Wollen Sie sicher gehen, dass ihre Anordnungen im Testament oder Erbvertrag zügig ausgeführt werden, beauftragen Sie einen Willensvollstrecker mit der Abwicklung und Vorbereitung der Erbteilung. Eine knappe Anweisung im Testament reicht.

Formulierung: Einsetzung eines Willensvollstreckers

«Ich setze meine Ehefrau Geraldine zur Willensvollstreckerin ein. Sollte sie das Mandat nicht annehmen, soll mein Patensohn Enzo als Willensvollstrecker amten.»

Solange der Willensvollstrecker amtet, haben die Erben und Erbinnen keinen Zugriff auf die Nachlassgegenstände. Als Willensvollstrecker können Sie eine Anwältin, Ihre Hausbank, den Treuhänder oder auch Ihre hinterbliebene Ehefrau, Ihren Mann bestimmen. Setzen Sie Ihre Ehefrau als Willensvollstreckerin ein, erreichen Sie sozusagen als Nebeneffekt, dass diese rasch und exklusiv Zugang zu Ihren Bankkonten erhält. Andernfalls braucht es einen Erbschein und die Zustimmung aller darauf aufgeführten Erben. Das kann lange dauern, wenn ein Erbe nicht sofort auffindbar ist oder nicht kooperieren will.

Nicht ins Testament gehören Ihre Wünsche für die eigene Bestattung. Bis es eröffnet wird, sind Sie nämlich schon lange beerdigt! Am besten übergeben Sie Ihre Bestattungsanordnung einer Vertrauensperson, etwa Ihrem Ehepartner, oder Sie hinterlegen Ihre Wünsche bei der Gemeinde. Weitere Informationen zur Vorsorge für den Todesfall finden Sie im Beobachter-Ratgeber «So regeln Sie die letzten Dinge» (www.beobachter.ch/buchshop).

Was die Sozialversicherungen beisteuern

Punkto Witwen- oder Witwerrenten sind Eheleute gegenüber Konkubinatspaaren im Vorteil. Die hinterbliebene Ehefrau hat Anspruch auf eine AHV-Witwenrente, wenn sie

- mindestens ein Kind hat (egal wie alt) oder
- beim Tod ihres Mannes über 45 Jahre alt ist und mindestens fünf Jahre verheiratet war.

Ehemänner können nach dem Tod ihrer Frau eine AHV-Witwerrente beanspruchen, solange sie Kinder unter 18 Jahren haben.

Die maximale Witwen- oder Witwerrente beträgt 1824 Franken pro Monat. Keine solche Rente gibt es für hinterbliebene Ehegatten, die bereits eine AHV-Altersrente erhalten. Ist die Hinterlassenenrente höher als die Altersrente, wird aber der höhere Betrag ausbezahlt.

Kinder unter 18 sowie Kinder in Ausbildung bis zum 25. Geburtstag erhalten eine Waisenrente, wenn ihr Vater oder ihre Mutter stirbt (maximal 912 Franken bzw. 1368 Franken beim Tod beider Eltern, Stand 2009).

Leistungen der Pensionskasse Das Bundesgesetz über die berufliche Vorsorge (BVG) schreibt vor, was die Pensionskasse im Minimum leisten muss. Witwen und Witwer werden im BVG gleich behandelt. Sie erhalten eine Rente, wenn sie

— im Zeitpunkt des Todes des versicherten Ehegatten für den Unterhalt eines Kindes aufkommen oder
— über 45 Jahre alt und fünf Jahre verheiratet gewesen sind.

Ist keine dieser Voraussetzungen erfüllt, wird eine Abfindung in Höhe von drei Jahresrenten ausgezahlt. Kinder unter 18 und Kinder in Ausbildung bis zum 25. Geburtstag erhalten eine Waisenrente.

Hat der verstorbene Ehepartner ein Guthaben auf einem Freizügigkeitskonto oder in einer Freizügigkeitspolice, geht dieses an seine Witwe und an die Kinder (unter 18 bzw. 25 Jahren). Im Vertrag mit der Vorsorgeeinrichtung können Sie den Verteilschlüssel festlegen.

Viele Pensionskassen kennen über das BVG-Minimum hinausgehende Leistungen. Wie hoch die Hinterlassenenrenten ausfallen, können Sie Ihrem Vorsorgeausweis entnehmen.

Leistungen der Säule 3a Die Guthaben aus der gebundenen Vorsorge 3a werden vollumfänglich an die hinterbliebene Ehefrau, den Ehemann ausgezahlt. Das lässt sich auch vertraglich nicht abändern. Bei der Berechnung der Pflichtteile werden diese Gelder aber berücksichtigt. Das kann dazu führen, dass der hinterbliebene Ehegatte den Kindern oder den Eltern des Verstorbenen einen Anteil abgeben muss.

Leistungen der obligatorischen Unfallversicherung Ist zum Beispiel die Ehefrau tödlich verunglückt und war sie als Angestellte unfallversichert, erhalten der Witwer und ihre Kinder in der Regel eine Hinterlassenenrente der Unfallversicherung. Diese Leistungen werden mit der Witwer- und der Waisenrente der AHV koordiniert. Das heisst, die Unfallversicherung kann ihre Leistungen kürzen, wenn die Hinterbliebenen sonst zusammen mehr als 90 Prozent des versicherten Verdienstes des Verunfallten erhielten.

Die Todesfallversicherung

Nicht immer lässt sich der Vorsorgebedarf mit einem Testament, einem Ehe- oder Erbvertrag und den Hinterlassenenleistungen der Sozialversicherungen genügend abdecken. Vor allem, wenn ein Ehepaar noch kleine Kinder und / oder Wohneigentum hat, braucht es meist zusätzliche Mittel, damit die hinterbliebene Seite den Lebensstandard halten kann.

Mit einer auf die individuelle Situation zugeschnittenen Todesfallversicherung lassen sich finanzielle Lücken schliessen. Das hat einen zusätzlichen Vorteil: Die versicherte Todesfallsumme wird dem Witwer oder der Witwe direkt, also unabhängig von der Erbteilung, ausgezahlt und ist für die Pflichtteilsberechnung irrelevant. Nur bei gemischten Lebensversicherungen mit Sparteil muss der Rückkaufswert für die Pflichtteile eingerechnet werden.

Die Prämien für eine reine Todesfallversicherung sind einiges günstiger als bei einer gemischten Lebensversicherung mit zusätzlicher Sparkomponente. Mit einer abnehmenden Todesfallsumme lässt sich die Prämie überdies stark reduzieren. Das ist in vielen Situationen eine gute Wahl: Solange zum Beispiel die Kinder noch klein sind, ist der Vorsorgebedarf meist am grössten. Je selbständiger sie werden, umso eher könnte die Witwe oder der Witwer wieder selber den Lebensunterhalt verdienen.

Anhang

— Überblick über die Gesetze
— Mustertexte
— Nützliche Adressen
— Literatur
— Stichwortverzeichnis

Überblick über die Gesetze

Im Anschluss finden Interessierte zu jedem Kapitel die relevanten Gesetzesartikel. Im Internet unter www.admin.ch (→ Bundesgesetze → Systematische Sammlung) können Sie alle Bundesgesetze kostenlos herunterladen.

Kapitel 1: Heiraten

- Europäische Menschenrechtskonvention: Art. 12 EMRK
- Schweizerische Bundesverfassung: Art. 14 BV
- Zivilgesetzbuch: Art. 30, Art. 90 bis 110, Art. 122 bis 124, Art. 160 bis 161, Art. 166, Art. 259, Art. 270 bis 271 ZGB
- Eidgenössische Zivilstandsverordnung: Art. 12, Art. 49 bis 57 ZStV
- Ausweisverordnung: Art. 14 VAwG
- Strafgesetzbuch: Art. 215 StGB
- Bürgerrechtsgesetz: Art. 1 BüG

Kapitel 2: Die Ehe leben

- Zivilgesetzbuch: Art. 159 bis 179, Art. 200 bis 203 ZGB
- Obligationenrecht: Art. 32 bis 40, Art. 134, Art. 494 OR
- Bundesgesetz über das bäuerliche Bodenrecht: Art. 40 BGBB
- Bundesgesetz über die berufliche Vorsorge: Art. 30c BVG
- Freizügigkeitsgesetz: Art. 5 FZG
- Steuerharmonisierungsgesetz: Art. 3, 7, 11 StHG

Kapitel 3: Das eheliche Vermögen

- Zivilgesetzbuch: Art. 121, Art. 169, Art. 176, Art. 181 bis 251, Art. 608, Art. 612a, Art. 842 bis 846 ZGB
- Schlusstitel zum Zivilgesetzbuch: Art. 9a bis 11a SchlT ZGB
- Obligationenrecht: Art. 312 bis 318 OR

Kapitel 4: Die Kinder

- Zivilgesetzbuch: Art. 252 bis 259, Art. 264 bis 286, Art. 296 bis 327, Art. 333, Art. 471, Art. 483 ZGB
- Obligationenrecht: Art. 324a, 336c OR
- Arbeitsgesetz: Art. 35 bis 36 ArG
- Bundesgesetz über die genetische Untersuchung am Menschen: Art. 34 bis 36 GUMG
- Familienzulagengesetz: Art. 2 bis 21 FamZG

Kapitel 5: Einen Ausländer, eine Ausländerin heiraten

- Bundesgesetz über die Ausländerinnen und Ausländer: Art. 1 bis 58, Art. 118 AuG
- Abkommen vom 21. Juni 1999 zwischen der Schweizerischen Eidgenossenschaft einerseits und der Europäischen Gemeinschaft und ihren Mitgliedstaaten andererseits über die Freizügigkeit: Art. 1 bis 24 Anhang I
- Strafgesetzbuch: Art. 180 bis 181 StGB
- Zivilgesetzbuch: Art. 97a, Art. 105 bis 106 ZGB
- Bürgerrechtsgesetz: Art. 12 bis 15c, Art. 26 bis 41 BüG
- Bundesgesetz über das internationale Privatrecht: Art. 37, Art. 43 bis 58 IPRG

Kapitel 6: Spezielle Lebenssituationen meistern

- Zivilgesetzbuch: Art. 28b, Art. 114, Art. 175 bis 179 ZGB
- Arbeitslosenversicherungsgesetz: Art. 8 bis 30 AVIG
- Bundesgesetz über Schuldbetreibung und Konkurs: Art. 64, Art. 68a bis 68b SchKG
- Opferhilfegesetz: Art. 2 OHG
- Strafgesetzbuch: Art. 111 bis 117, Art. 122 bis 136, Art. 180 bis 200 StGB

Kapitel 7: Füreinander vorsorgen

- Bundesgesetz über die Krankenversicherung: Art. 3 bis 10, Art. 24 bis 31, Art. 65 bis 66a KVG
- Bundesgesetz über die Unfallversicherung: Art. UVG 1a bis 33 UVG
- Bundesgesetz über die Invalidenversicherung: Art. 28 bis 40 IVG
- Bundesgesetz über die Alters- und Hinterlassenenversicherung: Art. 1 bis 37bis AHVG
- Verordnung über die Alters- und Hinterlassenversicherung: Art. 50b bis 54bis AHVV
- Bundesgesetz über die berufliche Vorsorge: Art. 13 bis 26 BVG
- Verordnung über die steuerliche Abzugsberechtigung für Beiträge an anerkannte Vorsorgeformen: Art. 1 bis 4 BVV3
- Freizügigkeitsgesetz: Art. 22 FZG
- Freizügigkeitsverordnung: Art. 15 FZV
- Zivilgesetzbuch: Art. 122 bis 124, Art. 216, Art. 241, Art. 457 bis 476, Art. 494 bis 518, Art. 559, Art. 608, Art. 745 bis 775 ZGB
- Obligationenrecht: Art. 324a bis 324b OR

Mustertexte

Inventar

Inventar der Eheleute Linda und Mirko S., wohnhaft an der Simmelstrasse 7, 7050 Arosa

Linda S. ist Alleineigentümerin folgender in die Ehe eingebrachter Gegenstände:
- antiker Bauernschrank
- beige Polstergruppe, Marke de Sède
- Fotoausrüstung Canon
- Silberbesteck-Service
- Bettsofa, Marke Tunga

Mirko ist Alleineigentümer folgender in die Ehe eingebrachter Gegenstände:
- antiker Kronleuchter
- Fernseher und DVD-Gerät, Marke Grundig
- Stereoanlage, Marke Panasonic
- Dampfbügelstation
- Auto, Marke Porsche, Fabriknr. 123567
- Gartentisch und sechs Gartenstühle von Pfifikus

30. Mai 2009
Linda S. Mirko S.

Darlehensvertrag

Darlehensvertrag und Schuldanerkennung

1. Schuldanerkennung
Nicole C. bestätigt, von Paul C. für den Kauf eines Autos ein Darlehen in der Höhe von Fr. 20 000.– erhalten zu haben.

2. Rückzahlung
Nicole verpflichtet sich, das Darlehen in monatlichen Raten von Fr. 500.– an Paul zurückzuzahlen. Die erste Rate wird am 1. Januar 2010 zur Zahlung fällig.
Gerät Nicole mit der Rückzahlung des Darlehens mit mehr als zwei Raten in Verzug, ist Paul berechtigt, die Rückzahlung des gesamten ausstehenden Betrags zu fordern.

Varianten
Nicole verpflichtet sich, das gesamte Darlehen im Betrag von Fr. 20 000.– schnellstmöglich, jedoch spätestens bis zum 31. Dezember 2011 zurückzuzahlen.

Nicole muss das Darlehen nur bei einer Trennung oder Scheidung zurückzahlen. In diesen Fällen kann Paul das Darlehen jederzeit mit einer Frist von sechs Monaten kündigen.

3. Zinsen
Nicole hat das Darlehen mit einem Jahreszins von 3% *[maximal 15% sind erlaubt]* zu verzinsen.

Variante
Paul verzichtet auf eine Verzinsung des Darlehens.

Dieser Vertrag wurde im Doppel je mit Originalunterschriften erstellt.

Unterbäch, 3. Juli 2009
Nicole C. Paul C.

Generalvollmacht

Ich, Susanna H., geboren am 21. September 1970, Bürgerin von Zürich und Luzern,

bevollmächtige hiermit

meinen Ehemann Franz H., geboren am 7. Oktober 1971, Bürger von Zürich,

mich bei der Regelung all meiner Geschäftsangelegenheiten zu vertreten, insbesondere gegenüber Gerichten, Banken, Versicherungen, Sozialeinrichtungen, Heimen, Spitälern, Behörden und Amtsstellen. Mein Ehemann ist befugt, alle Arten von Rechtshandlungen und Rechtsgeschäften in meinem Namen und für meine Rechnung vorzunehmen, insbesondere Geld, Wertschriften und andere Vermögenswerte entgegenzunehmen, zu verkaufen oder zu erwerben, Versicherungs- und Sozialleistungen zu beantragen und die finanziellen Verpflichtungen zu erfüllen, über sämtliche auf meinen Namen hinterlegten Vermögenswerte und meine Konten zu verfügen und Verbindlichkeiten einzugehen. Er darf auch Liegenschaften verkaufen oder belasten. Diese Vollmacht gilt auch für den Fall meiner Urteilsunfähigkeit und über meinen Tod hinaus bis zum Widerruf durch mich oder einen meiner Erben oder Erbinnen.

Sellenbüren, 29. Juni 2009
Susanna H.

Spezialvollmacht

Ich, Daniela M., geboren am 30. Mai 1965, Bürgerin von Stans und Bottmingen,

bevollmächtige hiermit

meinen Ehemann Markus M., geboren am 2. Februar 1958, Bürger von Stans,

mich im Fall meiner Urteilsunfähigkeit für alle Rechtsgeschäfte im Zusammenhang mit meinem Kosmetiksalon Flora an der Steinstrasse 7 in 3003 Bern zu vertreten. Seine Vollmacht umfasst insbesondere, in meinem Namen und auf meine Rechnung fällige Schulden einzutreiben, Arbeitsverträge meiner Angestellten zu kündigen oder neues Personal anzustellen sowie den Rechtsverkehr mit Behörden abzuwickeln.

Bern, 20. Februar 2009
Daniela M.

Brief an die Vormundschaftsbehörde

Sehr geehrte Damen und Herren

Wir, Therese und Michael F., geboren am 10. Februar 1970 bzw. am 13. März 1971, Bürger von Altdorf, wünschen, dass im Fall unseres Todes Frau Carla W., geboren am 30. September 1963, Bürgerin von Solothurn, zur Vormundin unserer Kinder Noah, geboren am 2. Januar 1997, und Helena, geboren am 14. Oktober 2000, ernannt wird. Unsere Kinder haben ein enges Verhältnis zu Frau W. Sie geniesst unser volles Vertrauen.
Sollte Frau W. nicht zur Vormundin ernannt werden, wünschen wir, dass sie als Pflegemutter die Obhut über unsere Kinder erhält, damit diese bei ihr aufwachsen können. Die aktuelle Wohnadresse von Carla W. lautet: Birmensdorferstrasse 10, 8055 Zürich

Therese F. Michael F.

Brief ans Eheschutzgericht

Sehr geehrte Damen und Herren

Ich möchte mich von meinem Ehemann Ivo R. trennen und beantrage deshalb folgende Massnahmen:
- dass ich getrennt leben darf,
- dass mein Mann bis zum 30. September 2009 die eheliche Wohnung zu verlassen hat,
- dass ich die Obhut über unsere gemeinsamen Kinder Fabian, geboren 3. März 1999, und Kevin, geboren 1. April 2001, erhalte,
- dass mein Mann ein gerichtsübliches Besuchsrecht erhält,
- dass Sie meinen Mann verpflichten, mir für die Kinder und für mich persönlich angemessene Unterhaltsbeiträge zu bezahlen.

Ich bitte Sie, uns möglichst rasch vorzuladen.

Freundliche Grüsse
Sabina R.

Trennungsvereinbarung

Fernand D., geboren am 30. Dezember 1968, und Jacqueline D., geboren am 2. Februar 1969, schliessen folgende Trennungsvereinbarung ab:

1. Wir sind uns einig, auf unbestimmte Zeit getrennt zu leben. Fernand D. ist am 30. Juni 2009 aus der ehelichen Wohnung an der Kohlstrasse 7 in 4410 Liestal ausgezogen.

2. Während des Getrenntlebens werden unsere beiden Kinder Corinna, geboren am 4. Juni 2001, und Désirée, geboren am 7. August 2004, bei der Mutter wohnen und damit unter ihrer Obhut stehen.
   Dem Vater und den Kindern steht das Recht auf persönlichen Verkehr (Besuchsrecht) zu: jedes zweite Wochenende von Samstag, 10.00 Uhr, bis Sonntag, 18.00 Uhr. Die mit der Ausübung des Besuchsrechts verbundenen Kosten übernimmt Fernand D.

3. Fernand D. hat seine persönlichen Effekten bereits mitgenommen. Er ist zudem berechtigt, aus der ehelichen Wohnung folgende Gegenstände abzuholen:
   a. Fernseher Sony
   b. sämtliche Einrichtungsgegenstände im Bürozimmer, insbesondere den PC mit Drucker, das Pult und den Bürostuhl sowie die Büroschränke

4. Fernand D. verpflichtet sich, Jacqueline D. an den Unterhalt der Kinder monatlich im Voraus zahlbare Unterhaltsbeiträge zu zahlen: für Corinna Fr. 1100.– und für Désirée Fr. 1000.–. Allfällige gesetzliche oder vertragliche Kinderzulagen sind zusätzlich geschuldet.
5. Fernand D. verpflichtet sich, an Jacqueline D. einen persönlichen Unterhaltsbeitrag von Fr. 3000.– monatlich im Voraus zu bezahlen.
6. Die Unterhaltsbeiträge gemäss Ziffer 4 und 5 basieren auf einem Nettoeinkommen von Fernand D. von monatlich Fr. 9000.– (inklusive 13. Monatslohn).

Liestal, 2. September 2009
Fernand D. Jacqueline D.

Testament

Ich, Alexandra T., geboren am 6. Juni 1960, Bürgerin von Sachseln und Raron, verfüge letztwillig wie folgt:

1. Ich widerrufe sämtliche letztwilligen Verfügungen, die ich jemals getroffen habe.
2. Es ist meine Absicht, meinen Ehemann Urs Z., geboren 9. September 1961, so weit wie möglich erbrechtlich zu begünstigen. Ich setze ihn deshalb als Alleinerben meiner gesamten Hinterlassenschaft ein. Es ist mir bewusst, dass ich damit die Pflichtteile meiner Kinder übergehe. Ich hoffe, dass sie meinen Wunsch respektieren.

   Variante
   Mein Ehemann Urs T. erhält im Sinn von Artikel 473 ZGB von meinem Nachlass einen Viertel zu Eigentum und den Restnachlass von drei Vierteln zur lebenslänglichen und unentgeltlichen Nutzniessung.
3. Meinem Ehemann steht überdies das Recht zu, die von ihm gewünschten Vermögenswerte und Gegenstände meines Nachlasses auf Anrechnung an seine güter- und erbrechtlichen Anteile vorab zu bestimmen und in sein alleiniges Eigentum zu übernehmen.
4. Sollte ich gleichzeitig oder nach meinem Ehemann ableben, gilt die gesetzliche Erbfolge.
5. Ich bestimme meinen Ehemann zu meinem Willensvollstrecker. Sollte er das Mandat ablehnen, bestimme ich ersatzweise Dr. Erich V., Bahnhofstrasse 7, 8001 Zürich.

19. März 2009
Alexandra T.

Nützliche Adressen

Adoption

Schweizerische Fachstelle für Adoption
Hofwiesenstrasse 3
8042 Zürich
Tel. 044 360 80 90
www.adoption.ch
Bezug der Broschüre «Adoption von Kindern aus fremden Kulturen»

Anwaltssuche

Demokratische Juristinnen und Juristen der Schweiz
Neuengasse 8
3011 Bern
Tel. 031 312 83 34
www.djs-jds.ch
Liste der Mitglieder

Schweizerischer Anwaltsverband
Marktgasse 4
3001 Bern
Tel. 031 313 06 06
www.swisslawyers.com
→ Anwaltssuche: Liste der Mitglieder mit Spezialgebieten
→ Rechtsauskunft: Liste der kantonalen Anwaltsverbände mit unentgeltlichen Rechtsauskunftsstellen

Mitglieder des Beobachters finden zudem auf www.beobachter.ch/beratung (→ Anwaltssuche) Adressen von vertrauenswürdigen Anwältinnen und Anwälten in ihrer Region.

Ausländer

Bundesamt für Migration
Quellenweg 6
3003 Bern-Wabern
Tel. 031 325 11 11
www.auslaender.ch
www.ch.ch

Eidgenössische Kommission für Migrationsfragen
Quellenweg 9
3003 Bern-Wabern
Tel. 031 325 91 16
www.ekm.admin.ch (→ Projekte)
Adressen der kantonalen Ansprechstellen Migration und der Integrationsdelegierten

FIZ Fraueninformationszentrum für Frauen aus Afrika, Asien, Lateinamerika und Osteuropa
Badenerstrasse 134
8004 Zürich
Tel. 044 240 44 22
www.fiz-info.ch

Frabina Beratungsstelle für Frauen und binationale Paare
Laupenstrasse 2
3008 Bern
Tel. 031 381 27 01
www.frabina.ch

Katamaran
Postfach 1511
6301 Zug
www.zwangsheirat.ch
Informationen und Beratung zur Zwangsheirat

Verein Interessengemeinschaft Binational
Postfach 3063
8021 Zürich
www.ig-binational.ch

Sans-Papiers

Anlaufstelle für Sans-Papiers in Basel
Rebgasse 1
4058 Basel
Tel. 061 681 56 10

Anlaufstelle für Sans-Papiers in Zürich, Verein SPAZ
Stauffacherstrasse 60
8004 Zürich
Tel. 043 243 95 78

Verein Berner Beratungsstelle für Sans-Papiers
Eigerplatz 5
3007 Bern
Tel. 031 385 18 27
www.sans-papiers.ch

Budgetberatung

Budgetberatung Schweiz (ASB),
Hashubelweg 8
5014 Gretzenbach
Tel. 062 849 42 45
www.budgetberatung.ch

Schulden

Dachverband Schuldenberatung
Effingerweg 12
5000 Aarau
Tel. 062 822 82 11
www.schulden.ch

Ehe- und Familienberatungsstellen

AG Interkonfessionelle Eheberatungsstelle des Bezirks Baden
Zürcherstrasse 27
5400 Baden
Tel. 056 222 44 80

Jugend-, Ehe- und Familienberatung

- Bezirk Lenzburg
  Gleis 1
  Niederlenzer Kirchweg 1
  5600 Lenzburg
  Tel. 062 892 44 30
- Bezirk Muri
  Bahnhofstrasse 7b
  5630 Muri AG
  Tel. 056 664 37 69
- Bezirk Zurzach
  Hauptstrasse 62
  5330 Bad Zurzach
  Tel. 056 265 10 70

Ökumenische Eheberatungsstellen

- Bezirke Brugg, Laufenburg, Rheinfelden
  Bahnhofstrasse 26
  4310 Rheinfelden
  Tel. 061 831 11 37 und
  Stapferstrasse 2
  5200 Brugg
  Tel. 056 441 89 45
- Region Lenzburg, Freiamt, Seetal
  Alte Bahnhofstrasse 1
  5610 Wohlen
  Tel. 056 622 92 66

Regionale Eheberatungsstellen
- Aarau
  Jurastrasse 13
  5000 Aarau
  Tel. 062 822 43 43
- Wiggertal-Suhrental,
  Hintere Hauptgasse 9
  4800 Zofingen
  Tel. 062 751 20 20

AR Beratungsstelle für Ehe-,
AI Familien- und Lebensfragen
- Appenzell Hinterland,
  Gossauer Strasse 61
  9100 Herisau
  Tel. 071 352 33 05
- Appenzell Mittelland
  Hauptstrasse 41
  9053 Teufen
  Tel. 071 333 13 32
- Appenzell Vorderland
  Poststrasse 17
  9410 Heiden
  Tel. 071 891 62 10

BE Beratungsstelle Ehe,
Partnerschaft, Familie
Marktgasse 31
3011 Bern
Tel. 031 311 19 72

Consultation conjugale et familiale
du Centre social protestant
Rue Centrale 59
2740 Moutier
Tel. 032 493 32 21

Eheberatung des kirchlichen
Bezirkes
Frutigenstrasse 29
3600 Thun
Tel. 033 222 56 88

Ehe- und Familienberatung
für Stadt und Kanton Bern
Aarbergergasse 36
3011 Bern
Tel. 031 312 10 66

Kirchliche Beratungsstelle
Interlaken-Oberhasli
Freiestrasse 2a
3800 Interlaken
Tel. 033 822 25 20

Ökumenische Beratungsstelle
für Ehe-, Partnerschafts-
und Familienfragen
Biel – Seeland – Berner Jura
Bahnhofstrasse 16
2502 Biel / Bienne
Tel. 032 322 78 80

BL Beratungsstelle für Partnerschaft,
Ehe und Familie der evangelisch-
reformierten Kirche des Kantons
Basel-Landschaft
Hauptstrasse 18
4132 Muttenz
Tel. 061 461 61 77

BS Ehe- und Lebensberatung der
evangelisch-reformierten Kirche
Basel-Stadt
Rheingasse 57
4058 Basel
Tel. 061 692 20 60

Familien- und Erziehungsberatung
Greifengasse 23
4058 Basel
Tel. 061 686 68 68

FR Office familial
Rue de Romont 29–31
1700 Fribourg
Tel. 026 322 54 77

GE Centre social protestant
Consultation familiale
Rue du Village Suisse
1211 Genève
Tel. 022 807 07 00

Couple et Famille
Rue du Roveray 16
1207 Genève
Tel. 022 736 14 55

Office protestant de consultations conjugales et familiales (OPCCF)
Rue de la Madeleine 10
1204 Genève
Tel. 022 311 82 11

GL Partnerschafts-, Familien- und Sexualberatung
Beratungs- und Therapiestelle Sonnenhügel
Asylstrasse 30
8750 Glarus
Tel. 055 646 40 40

GR Eheberatung des Kinder- und Jugendpsychiatrischer Dienstes Graubünden
Masanserstrasse 14
7000 Chur
Tel. 081 252 90 23

Evangelische Beratungsstelle für Ehe- und Lebensfragen
Bahnhofstrasse 20
7000 Chur
Tel. 081 252 33 77

JU Service de consultation conjugale et familiale de l'Eglise catholique
- Rue des Téxerans 10
  2800 Delémont
  Tel. 032 422 54 29
- Rue Thurmann 6
  2900 Porrentruy
  Tel. 032 422 54 29
- Bel Air 1
  2350 Saignelegier
  Tel. 032 422 54 29

LU Sozial-BeratungsZentrum SoBZ
- Hohenrainstrasse 5
  6280 Hochdorf
  Tel. 041 914 31 31
- Hauptstrasse 13
  6170 Schüpfheim
  Tel. 041 485 70 40
- Herrenrain 12
  6210 Sursee
  Tel. 041 925 18 25

Verein Ehe- und Lebensberatung
Hirschmattstrasse 30b
6003 Luzern
Tel. 041 210 10 87

NE Centre social protestant
- Rue du Temple-Allemand 23
  2300 La Chaux-de-Fonds
  Tel. 032 967 99 70
- Rue des Parcs 11
  2000 Neuchâtel
  Tel. 032 722 19 60

Service de consultations conjugales FAS
- Rue du Collège 9
  2300 La Chaux-de-Fonds
  Tel. 032 886 80 10

– Faubourg de l'Hôpital 23
2000 Neuchâtel
Tel. 032 886 80 10

NW Sozialdienst Nidwalden
OW Engelbergstrasse 34
6370 Stans
Tel. 041 618 75 50

Verein Ehe- und, Lebensberatung
Hirschmattstrasse 30b
6003 Luzern
Tel. 041 210 10 87

SG Ehe- und Familienberatung
Rheintal
Bahnhofstrasse 14
9450 Altstätten
Tel. 071 755 46 44

Ehe- und Familienberatung,
Sargans-Werdenberg
Bahnhofstrasse 6
7320 Sargans
Tel. 081 723 37 67

Evangelisch-reformierte
Familienberatung
Oberer Graben 31
9000 St. Gallen
Tel. 071 220 88 00

Katholische Arbeitsstelle
Partnerschaft-Ehe-Familie
Frongartenstrasse 11
9000 St. Gallen
Tel. 071 223 68 66

SH Arbeitsstelle für Ehe- und
Partnerschaftsberatung des
Kantons Schaffhausen
Frauengasse 24
8200 Schaffhausen
Tel. 052 632 75 74

SO Verein für Ehe- und Lebens-
beratung im Kanton Solothurn:
– Alice-Vogt-Strasse 2
4226 Breitenbach
Tel. 061 781 34 49
– Bettlacherstrasse 8
2540 Grenchen
Tel. 032 652 19 22
– Hammerallee 19
4600 Olten
Tel. 062 212 61 61
– Rossmarktplatz 2
4500 Solothurn
Tel. 032 622 44 33

SZ Fachstelle für Paar- und
Familientherapie
– Centralstrasse 5d
6410 Goldau
Tel. 041 859 17 37
– Oberdorfstrasse 2
8808 Pfäffikon
Tel. 055 410 46 44

TG Ehe, Familien- und
Lebensberatung Thurgau
Freiestrasse 4
8570 Weinfelden
Tel. 071 622 55 05

Erziehungs- und
Eheberatungsstelle
Zürcherstrasse 208
8500 Frauenfeld
Tel. 052 721 77 48

TI Centro Coppia e Famiglia
– Via San Antonio 13
6600 Locarno
Tel. 091 752 29 28
– Palazzo Pollini
Vicolo Confalonieri
6850 Mendrisio
Tel. 091 646 04 14

UR Ehe-, Familien- und Lebensberatung Uri
Vogelsanggasse 10
6460 Altdorf UR
Tel. 041 870 50 42

VD Caritas Vaud
- Grand-Rue 7
  1040 Echallens
  Tel. 021 320 34 61
- Rue de la Poste 3
  1350 Orbe
  Tel. 021 320 34 61

CSP Consultation conjugale et familiale du Centre Social Protestant
Rue Beau-Séjour 28
1003 Lausanne
Tel. 021 560 60 60

Centre social protestant
- Le Bourg
  1610 Oron
  Tel. 021 560 60 60
- Rue des Rammes 11
  1530 Payerne
  Tel. 021 560 60 60
- Rue des Pêcheurs 8
  1400 Yverdon
  Tel. 024 423 69 00

Fondation Profa
- Avenue de la Gare 14
  1880 Bex
  Tel. 024 463 03 63
- Avenue Georgette 1
  1003 Lausanne
  Tel. 021 312 24 58
- Avenue des Alpes 18
  1820 Montreux
  Tel. 021 962 78 30
- Rue Couvaloup 10
  1100 Morges
  Tel. 021 804 98 98
- Rue des Marchandises 17
  1260 Nyon
  Tel. 022 365 77 00
- Rue de la Source 5
  1020 Renens
  Tel. 021 637 27 74
- Avenue Général-Guisan 30
  1800 Vevey
  Tel. 021 925 80 64

VS SIPE consultation conjugale / Paar- und Eheberatung
- Alte Simplonstrasse 10
  3900 Brig
  Tel. 027 923 93 13
- Avenue de la Gare 38
  1920 Martigny
  Tel. 027 722 87 17
- Rue du Fay 2B
  1870 Monthey
  Tel. 024 471 00 13
- Place de la Gare 10
  3960 Sierre
  Tel. 027 456 54 53
- Rue des Remparts 6
  1950 Sion
  Tel. 027 322 92 44

ZG Paar- und Familienberatung
Tirolerweg 8
6300 Zug
Tel. 041 725 26 60

ZH Ehe- und Lebensberatung im Zürcher Unterland
Kirchgasse 30
8302 Kloten
Tel. 044 815 80 71

Paarberatung
- Bezirk Hinwil
  Dorfstrasse 44a
  8630 Rüti
  Tel. 055 240 14 41
- Bezirk Pfäffikon
  Märtplatz 3
  8307 Effretikon
  Tel. 052 343 66 13
- Zürich
  Birmensdorferstrasse 34
  8004 Zürich
  Tel. 044 242 11 02

Ehe- Familien- und Partnerschaftsberatung
- Bezirk Dielsdorf
  Schulstrasse 36
  8105 Regensdorf
  Tel. 044 840 07 77
- Bezirk Uster
  Zentralstrasse 32
  8610 Uster
  Tel. 044 940 97 42

Interkonfessionelle Partner-, Ehe- und Familienberatungsstelle im Bezirk Horgen
Gotthardstrasse 36
8801 Thalwil
Tel. 044 722 27 66

Ökumenische Fach- und Beratungsstelle für Beziehungsfragen
Bahnhofplatz 11
8910 Affoltern am Albis
Tel. 044 761 11 55

Verein für Eheberatung Winterthur
Obertor 1
8400 Winterthur
Tel. 052 213 90 40

Zentralstelle für Ehe- und Familienberatung
Hildastrasse 18
8004 Zürich
Tel. 044 242 96 60

Im Internet finden Sie weitere Anlaufstellen für Ehe- und Paarberatung sowie Paartherapie in der Schweiz unter www.paarberatung.ch.

Eltern

Elternnotruf Zürich
Weinbergstrasse 135
8006 Zürich
Tel. 044 261 88 66
www.elternnotruf.ch

Fachstelle UND
Familien- und Erwerbsarbeit für Männer und Frauen
Postfach 2824
4002 Basel
Tel. 061 283 09 83
www.und-online.ch
Weitere Stellen in Bern, Luzern und Zürich

Fachverband Sozialpädagogische Familienbegleitung Schweiz
Eggweg 7a
9100 Herisau
Tel. 079 602 20 85
www.spf-fachverband.ch

Erziehungsberatung für Mitglieder des Beobachters: im Internet unter www.beobachter.ch/beratung oder telefonisch 043 444 54 08

Mutterschaft
BBL, Verkauf Bundespublikationen
3003 Bern
Tel. 031 325 50 55
www.bbl.admin.ch/bundespublikationen
Für die Broschüre «Mutterschaft – Schutz der Arbeitnehmerinnen» Bestellnummer 025.224.d eingeben

Vaterschaftstest
Gentest.ch GmbH
Schlossgasse 9
8023 Zürich
Tel. 0800 43 68 37
www.gentest.ch

Institut für Rechtsmedizin
der Universität Zürich
Winterthurerstrasse 190, Bau 52
8057 Zürich
Tel. 044 635 56 47
www.irm.unizh.ch
Broschüre zum Thema Vaterschaftstest

Kinderbetreuung

Fachstelle Verein Tagesschulen Schweiz
Rötelstrasse 11
8042 Zürich
Tel. 044 361 42 88
www.tagesschulen.ch

Schweizerisches Rotes Kreuz
Rainmattstrasse 10
3001 Bern
Telefon 031 387 71 11
www.redcross.ch (Babysitter in Suchmaske eingeben)

Tagesfamilien Schweiz
Geschäftsstelle Deutschschweiz
Fritz-Honegger-Weg 1
8803 Rüschlikon
044 724 48 08
www.tagesfamilien.ch
→ Tagesfamilie suchen: Liste der Tagesfamilienorganisationen

Verband Kindertagesstätten
der Schweiz (KiTaS)
Rennweg 23
8001 Zürich
Tel. 044 212 24 44
www.kitas.ch

Weitere Adressen im Internet:
- www.kinderkrippen-online.ch
- www.liliput.ch
- www.spielgruppe.ch

Mediationsstellen

Schweizerischer Dachverband
für Mediation SDM-FMS
www.infomediation.ch

Schweizerischer Verein
für Mediation SVM
Rankried 8
6048 Horw
Tel. 041 340 35 70
www.mediation-svm.ch

Das Beobachter-Beratungszentrum vermittelt seinen Mitgliedern zudem vertrauenswürdige Mediatorinnen und Mediatoren in ihrer Region. Hotline Familie von Mo bis Fr 9 bis 13 Uhr, Tel. 043 444 54 04

Opferhilfe, Täterhilfe

Dachorganisation der Frauenhäuser
Schweiz und Liechtenstein
Postfach 2543
5001 Aarau
Tel. 079 435 16 08
www.frauenhaus-schweiz.ch

Konferenz der Kantonalen Sozialdirektoren und Sozialdirektorinnen
Zentralsekretariat
Eigerplatz 5
3000 Bern 14
Tel. 031 371 04 29
www.opferhilfe-schweiz.ch

Nottelefon für gewaltbetroffene Frauen
Tel. 052 213 61 61
www.frauennottelefon.ch

Beratungsstelle für männliche
Gewaltopfer
Hallwylstrasse 78
8004 Zürich
Tel. 044 291 37 80

Fachstelle gegen Männergewalt
Tel. 078 744 88 88
www.maennergewalt.ch

Mannebüro Züri
Hohlstrasse 36
8004 Zürich
Telefon 044 242 08 88
www.mannebuero.ch

Links zu weiteren Männerbüros:
www.maenner.org (→ adressen schweiz)

Rechtsberatung

Beobachter-Beratungszentrum
Das Wissen und der Rat der Fachleute in acht Rechtsgebieten stehen im Internet und am Telefon zur Verfügung:

- HelpOnline: rund um die Uhr im Internet unter www.beobachter.ch/beratung
- Telefon: Montag bis Freitag von 9 bis 13 Uhr, Direktnummern der Fachbereiche unter 043 444 54 00, Fachbereich Familie: 043 444 54 04
- Anwaltssuche: Vertrauenswürdige Anwältinnen und Anwälte in Ihrer Region unter www.beobachter.ch/beratung (→ Anwaltssuche)

Beobachter-Mitglieder (Abonnentinnen und Abonnenten) profitieren gratis von der Beratung. Wer kein Abo hat, kann online oder am Telefon eines bestellen und erhält sofort Zugang zu den Dienstleistungen.

Die meisten Frauenzentralen in der Schweiz bieten kostengünstige Rechtsberatung an.
Sekretariat der Frauenzentralen Schweiz
Marianne Hablützel / Frauenzentrale Zug
Tirolerweg 8
6300 Zug
Tel. 041 725 26 00
www.frauenzentrale.ch

Unentgeltliche oder kostengünstige Rechtsberatung bieten je nach Kanton auch die Gerichte, die Kirchgemeinden und die kantonalen Anwaltsverbände an.

Sozialversicherungen und Sozialhilfe

Bundesamt für Sozialversicherung
Effingerstrasse 20
3003 Bern
Tel. 031 322 90 11
www.bsv.admin.ch

Die Adressen der AHV-Zweigstellen finden sich in jedem Telefonbuch oder unter www.ahv.ch (→ AHV-Ausgleichskassen).

Pro Senectute
Lavaterstrasse 60
8027 Zürich
Tel. 044 283 89 89
www.pro-senectute.ch

Schweizerische Konferenz
für Sozialhilfe (SKOS)
Monbijoustrasse 22
3000 Bern
Tel. 031 326 19 19
www.skos.ch

Stiftung Auffangeinrichtung BVG
Zweigstelle Deutschschweiz
Postfach 2855
8022 Zürich
Tel. 044 267 73 73
www.aeis.ch

Versicherungsberatung

Fairsicherungsberatung
Holzikofenweg 22
3007 Bern
Tel. 031 378 10 10
www.fairsicherung.ch

Ombudsman der Privatversicherung
und der SUVA
Postfach 2646
8022 Zürich
Tel. 044 211 30 90
www.versicherungsombudsman.ch

Ombudsman der sozialen
Krankenversicherung
Morgartenstrasse 9
6003 Luzern
Tel. deutsch: 041 226 10 10
Tel. französisch: 041 226 10 11
Tel. italienisch: 041 226 10 12
www.ombudsman-kv.ch

VZ VermögensZentrum
Beethovenstrasse 24
8002 Zürich
Tel. 044 207 27 27
www.vermoegenszentrum.ch
Weitere Filialen in Bern, Basel, Zug, St. Gallen und Lausanne

Literatur

Fachkommentare

Basler Kommentar zum Zivilgesetzbuch Band I. 3. Auflage, Verlag Helbing & Lichtenhahn, Basel 2006

Hegnauer, Cyril; Breitschmid, Peter: Grundriss des Eherechts. 4. Auflage, Stämpfli Verlag AG, Bern 2000

Ratgeber aus dem Beobachter-Buchverlag

Baumgartner, Gabriela: Mit Geld richtig umgehen. Budget, Sparen, Wege aus der Schuldenfalle. Zürich 2008

Bräunlich Keller, Irmtraud: Arbeitsrecht. Vom Vertrag bis zur Kündigung. 10. Auflage, Beobachter-Buchverlag, Zürich 2009

Bräunlich Keller, Irmtraud; Christen, Urs; Ruedin, Philippe: OR für den Alltag. Kommentierte Ausgabe aus der Beobachter-Praxis. 8. Auflage, Zürich 2008 *

Chatelain, Claude: Steuern leicht gemacht. Praktisches Handbuch für Angestellte, Selbständigerwerbende und Eigenheimbesitzer. 5. Auflage, Zürich 2009

Huber, Doris; Noser, Walter; Rauch, Katja; Zanoni, Urs u. a.: Abenteuer Familie. Rechtsfragen, Finanzen, Organisation – so gelingt der Familienstart. Zürich 2007

Kieser, Ueli; Senn, Jürg: Pensionskasse. Vorsorge, Finanzierung, Sicherheit, Leistung. 2. Auflage, Zürich 2009

Knellwolf, Peggy A.; Strub, Patrick; Von Flüe, Karin: ZGB für den Alltag. Kommentierte Ausgabe aus der Beobachter-Praxis. 9. Auflage, Zürich 2008 *

Renold, Sarah: Motivierte Kinder – zufriedene Eltern. Tipps und Ideen zum Spielen, Lernen und Helfen. 2. Auflage, Zürich 2008

Rehsche, Guntram; Richle, Thomas: Richtig vorsorgen. Finanziell gesichert in die Pensionierung. Zürich 2006

Studer, Benno: Testament, Erbschaft. Wie Sie klare und faire Verhältnisse schaffen. 14. Auflage, Zürich 2008

Töndury, Barblina: Jugendliche haben Recht. Freizeit, Freunde, Geld und mehr. Zürich 2007

Trachsel, Daniel: Scheidung. Faire Regelung für Kinder, Wohnung und Finanzen. 15. Auflage, Zürich 2009

Trachsel, Daniel: Trennung – von der Krise zur Lösung. Kinder, Rechtliches, Finanzen. 2. Auflage, Zürich 2008

Ursenbacher, Ruedi: Richtig versichert. Haftpflicht-, Hausrat-, Auto- und andere Versicherungen im Überblick. 8. Auflage, Beobachter-Buchverlag, Zürich 2005

Von Flüe, Karin: So regeln Sie die letzten Dinge. 3. Auflage, Zürich, 2006

Von Flüe, Karin: Zusammen leben, zusammen wohnen. Was Paare ohne Trauschein wissen müssen. 5. Auflage, Zürich 2007

* Als Buchset OR und ZGB günstiger

Stichwortverzeichnis

F